인물로 보는 세계 역사
LIVE 세계사

⑳ 인도

글 **유경원**

만화 잡지 《아이큐 점프》, 《소년 챔프》 등에서 스토리 작가로 활동하며
《호협애사》, 〈철인 캉타우 리턴〉, 《소돔의 궁전》 등을 발표했습니다.
최근에는 웹툰 〈의열: 모던 레지스탕스〉를 연재했고, 아동 학습만화 《이현세 만화 한국사 바로보기》,
《코믹 메이플 스토리 한자도둑》, 《허팝 과학파워》 등을 집필했습니다.

만화 **최우빈**

학습 만화를 전문으로 그리는 '빈 스튜디오'를 이끌고 있습니다.
《그리스 로마 신화》, 《도티&잠뜰 미래과학상식》, 《도티&잠뜰 방과 후 학교》,
《바둑전쟁 신들의 게임》 등의 학습 만화 시리즈를 그렸습니다.

학습·감수 **이강무**

고려대학교 역사교육학과를 졸업했습니다.
지은 책으로 《청소년을 위한 세계사 서양 편》, 《청소년을 위한 역사 교양 시리즈》 등이 있습니다.
현재 인창 중학교에서 학생들과 역사 공부를 하고 있습니다.

LIVE 세계사 ⑳ 인도

발행 | 2023년 6월 9일 초판 **인쇄** | 2023년 6월 13일 1쇄
발행처 | (주)천재교육
글 | 유경원 **만화** | 최우빈 **삽화** | 김현성 **학습·감수** | 이강무
편집 | 천재교육 만화사업팀 **북디자인** | Design Plus
사진 제공 | 위키피디아
신고번호 | 제2001-000018호(1980.5.28)
팩스 | 02-3282-1717
고객만족센터 | 1577-0902
주소 | 08513 서울특별시 금천구 가산로9길 54
홈페이지 | www.chunjae.co.kr

ISBN 979-11-259-7054-5 74900
ISBN 979-11-259-7034-7 74900 (세트)

인물로 보는 세계 역사
LIVE 세계사
20 인도

다채로운 종교의 나라, 인도!

여러분이 생각하는 인도는 어떤 모습인가요?

넘쳐 나는 인파와 자동차가 뒤엉킨 복잡한 거리,

커다란 소가 거리를 어슬렁거려도 평온하기만 한 사람들,

바싹 마른 몸에 지저분한 강물을 끼얹는 수행자,

형형색색 장식된 기묘한 모양의 신상들…….

아마 이런 모습을 상상하는 친구들이 많을 것입니다.

확실히 인도는 현대의 여느 나라들과는 다른 모습을 가졌습니다.

다양한 민족과 종교, 복잡한 언어와 문화가 공존하기 때문이지요.

그런데 한편으로는 오늘날까지 신분제의 잔재가 남아 있고,

심각한 여성 차별이 여전한 나라라는 부정적인 인식도 강합니다.

그러나 인도는 알면 알수록 대단한 역사를 가진 멋진 나라입니다.

세계 4대 문명 중 하나인 인더스 문명이 등장했으며

마우리아·굽타·무굴 제국이 남긴 찬란한 문화유산이 남아있지요.

영국의 식민 지배를 이겨 내고 독립을 쟁취한 점은 우리와도 비슷하고요.

오늘날은 첨단 IT 기술과 우주 산업이 발달한 경제 대국이기도 합니다.

긴 역사를 자랑하지만, 여전히 무한한 가능성을 가진 나라!

인도의 역사와 그 주인공들을 만나러 떠나 봅시다.

이강무
서울 인창중학교 교사

나비 효과! 연약한 나비의 날갯짓 하나가 지구 반대편에 있는 나라에 큰 태풍을 만들어 낼 수 있다는 뜻이에요. 지구촌에 사는 우리 모두가 밀접하게 서로 영향을 주고받는다는 것을 보여 주는 말이지요. 《LIVE 세계사》는 세계인과 친구가 되고 함께 살아갈 여러분에게, 흥미 있는 세계사를 보여 줄 것입니다.

김태규
서울 장충고등학교 교사

《LIVE 세계사》는 세계 여러 나라의 역사를 중요 인물과 사건을 통해 살펴보고, 이와 관련된 주변 나라의 역사와 나아가 세계 역사 흐름을 살펴보려는 책입니다. 인물과 사건, 그리고 유적과 유물을 통해 세계는 연결되어 있고, 과거와 현재가 연결되어 있음을 알 수 있습니다. 세계 속 인물을 통해 과거와 현재 그리고 세계 곳곳을 찾아 여행을 떠나요!

왕홍식
서울 보성중학교 교사

현재 우리가 살아가는 지구에는 수많은 나라와 역사가 있어요. 그 역사 속 사람들을 알고 싶다면 《LIVE 세계사》를 읽어 보는 것은 어떨까요? 여러분이 꼭 알아 두면 좋을 인물을 중심으로 한 재미있는 만화를 읽을 수 있어요.

김현숙
서울 덕수중학교 교사

《LIVE 세계사》는 어린이 혼자 읽으면서도 쏙쏙 이해되는 세계사 책이에요. 역사적 인물을 통해 각 나라의 역사를 살펴보며 '세계사 공부가 이렇게 쉽고 재미난 것이구나!' 할 거예요. 세계 시민으로 살아가는 어린이들에게 더 넓은 세상으로 나아가는 길을 열어 줄 것입니다.

황은희
서울 월천초등학교 교사

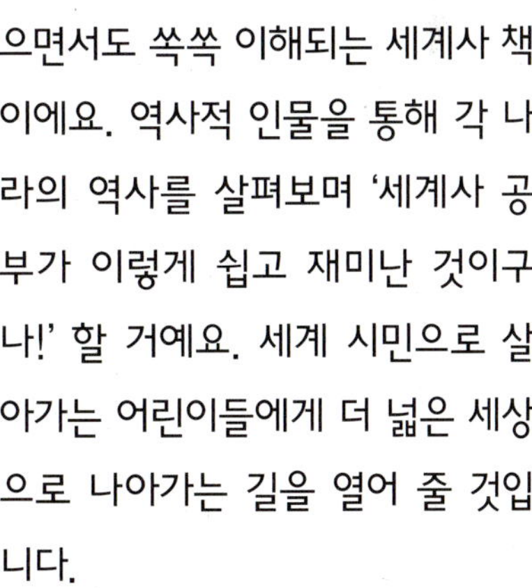

이 책의 특징

1 여행 지도

해당 나라의 지도와 함께 수도, 언어, 기후, 국기 등 기본 정보를 알아봅니다.

2 만화와 정보 박스

세계 역사 속 주요 인물을 재밌는 스토리와 함께 만화로 만나 봅니다. 정보 박스를 통해 놓치기 쉬운 학습 정보를 보충합니다.

석가모니 (기원전 563년경~기원전 483년경)

북인도 샤키아국의 왕자로 태어났어요. 우연히 궁궐 밖에서 늙고 병든 사람과 죽음을 목격한 이후, 인간이 겪는 고통에서 벗어날 방법을 고민하게 되지요. 깨달음을 얻기 위해 궁궐을 나와 고행한 끝에 마침내 '인간의 욕망이 고통의 시작이며, 욕망을 버리고 오로지 선하게 산다면 행복해질 수 있다'라는 깨달음을 얻었어요. 이후 싯다르타는 '깨달은 자'라는 뜻의 '붓다(부처)'라고 불리게 되지요. 싯다르타는 '석가모니'라 말하기도 하는데, '샤키아(석가)족의 지혜로운 자'라는 뜻입니다.

*곰곰히(31쪽) 한 가지…

3 세계사 들여다보기
세계사 넓게 보기
세계사 깊게 보기

해당 나라에 관련된 정보를 읽고, 그 시기에 주변 나라와 우리나라는 어떤 일이 있었는지 살펴봅니다.

아리아인의 등장

아리아인은 중앙아시아 지역에서 유목 생활을 하던 민족이었습니다. 이들이 인더스강 주변으로 넘어오기 시작한 것은 기원전 2000년경부터예요. 강력한 철제 무기로 무장한 아리아인은 드라비다족을 남쪽으로 쫓아내고, 인더스강과 갠지스강 주변의 기름진 땅을 차지했어요. 아리아인이 인도 역사의 새 주인공으로 등장한 것입니다. 아리아인들은 자신들의 문화를 퍼뜨리기 시작했어요. 대표적인 것이 하늘과 땅, 물과 불, 태양과 같은 자연을 신으로 받들어 모시는 브라만교와 신분을 계급으로 나눈 '바르나'였습니다.

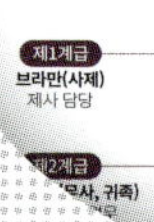

4

놀이 퀴즈

미로 찾기, 가로세로
낱말 퀴즈, 사다리 타기 등
재밌는 퍼즐을 이용해
학습한 내용을
확인해 봅니다.

5

문제 퀴즈

세계사와 관련된 다양한
유형의 문제를 풀면서
학습한 내용을 점검하고
교과를 비롯한 여러 가지
시험에 대비합니다.

6 End

연표

인물과 사건을 중심으로
역사의 흐름을 이해하고
같은 시기에 우리나라와
다른 나라에서 일어난
사건과 비교해 봅니다.

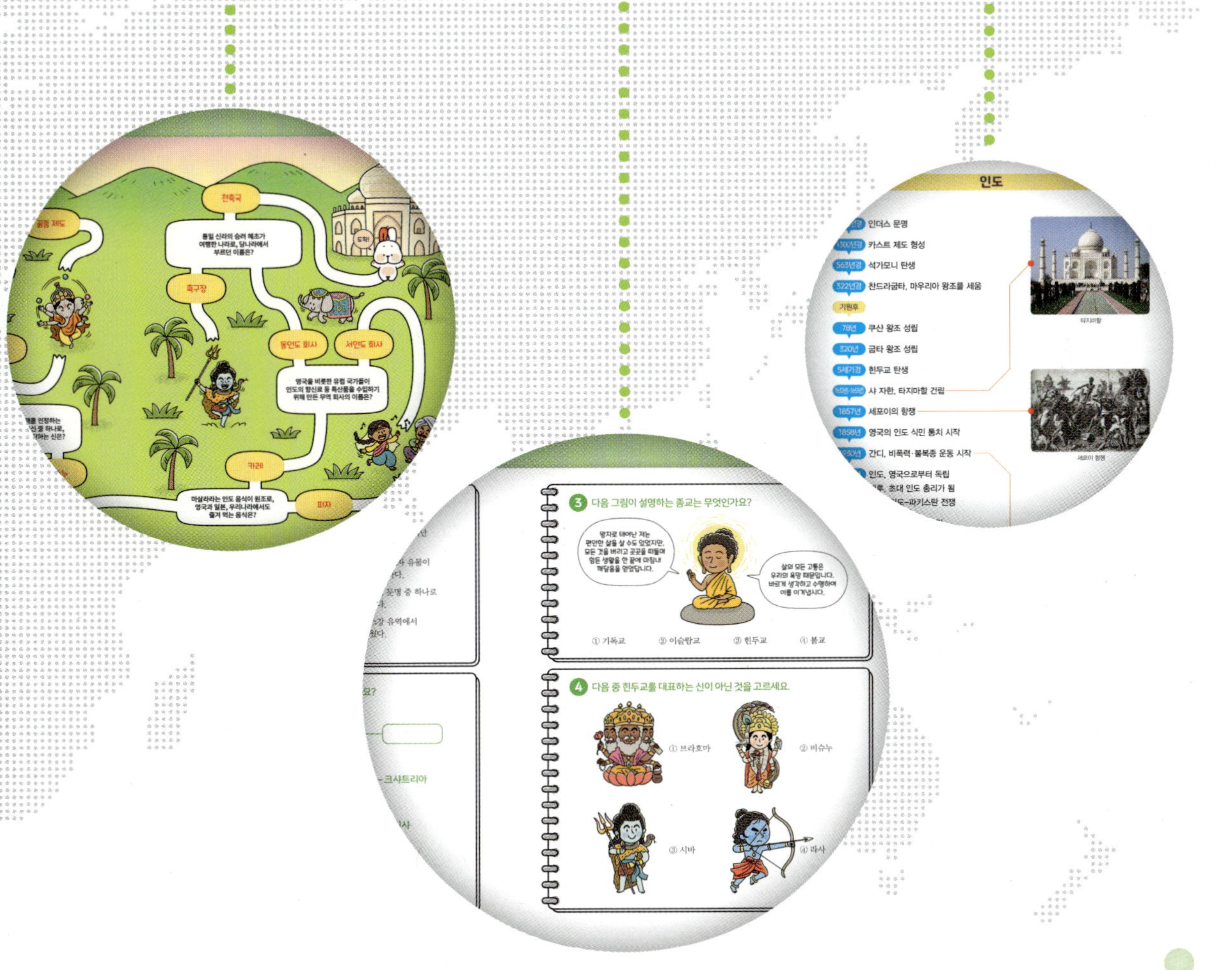

인도

수도

수도 뉴델리는 인도 북부 자무나강 연안에 있어요.
멀지 않은 곳에 있는 옛 수도 올드델리와 함께
델리 수도 특별 지역을 구성해요.

언어

공식 언어는 힌디어이지만 인도 헌법에서 인정하는
공용어는 힌디어를 포함하여 총 22개나 돼요.
영국의 영향으로 영어도 넓게 사용되지요.

지리

남아시아 반도에 있으며 아라비아해와 벵골만을 접해요.
고원 지대부터 평야, 사막 등 다양한 자연환경이 있어요.

기후

주로 열대 기후가 나타나며 계절풍의 영향을 많이 받아요.

화폐

'루피'라는 화폐 단위를 사용해요.

종교

다양한 종교가 존재하지만, 힌두교와 이슬람교를
가장 많이 믿으며 기독교 신자도 많아요.

경제·산업

세계에서 가장 빠르게 성장하는 경제 국가예요.
정보 통신 분야와 바이오산업이 발달했어요.

아라비아 해

세계 유산

40건의 세계 유산을 보유하고 있어요.
아그라 요새와 타지마할이 특히 유명해요.

국기
주황색은 용기와 헌신, 하얀색은 진리와 평화,
초록색은 믿음과 번영을 의미하며, 가운데 파란색
바큇살은 불교의 법륜을 상징해요.
델리
아그라
자이푸르
아마다바드
뭄바이
푸네
하이데라바드
벵갈루루
첸나이
콜카타
벵골만

모모

이상한 나라 도서관 사서.
평소 논리적이지만 가끔
무모할 때가 있어요.

해리

이상한 나라의 정원사.
격투기에 뛰어나며,
힘이 아주 세요.

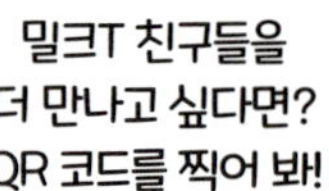

토리

부지런하고
호기심이 많아요.
주변을 잘 관찰해요.

하트 공주

이상한 나라
하트 여왕의 외동딸.
자기만의 왕국을
세우려고 해요.

가로

하트 공주의 부하.
충성심으로 가득하지만
엉뚱한 행동으로 일을
그르치기도 해요.

세로

하트 공주의 부하.
공주의 말이라면 무조건
따르며, 눈치가 빨라
행동도 빨라요.

석가모니

인도 북부 소국의 왕자.
스스로 편한 삶을 버리고
고행한 끝에 깨달음을 얻어요.

찬드라굽타 2세

굽타 왕조의 제3대 왕.
왕조의 황금기를 열고
인도의 모습을 갖추었어요.

샤자한

무굴 제국의 제5대 황제.
왕조의 전성기를 이루고
타지마할을 건설했어요.

마하트마 간디

인도의 독립운동 지도자.
비폭력·불복종 운동으로
영국에 저항했어요.

자와할랄 네루

독립운동가이자 정치가.
독립한 인도의 초대
총리로 활약했어요.

차례

추천사 04

이 책의 특징 06

지도 08

등장인물 10

이상한 나라 안내서 14

1

석가모니

프롤로그 16

석가, 깨달음을 얻다 20

세계사 들여다보기 | **아리아인의 등장** 52

세계사 들여다보기 | **불교의 탄생** 53

세계사 넓게 보기 | **그리스 조각과 간다라 불상** 54

세계사 깊게 보기 | **아시아 곳곳으로 전해진 불교** 55

2

찬드라굽타 2세

제국의 황금기를 열다 56

세계사 들여다보기 | **문화의 황금기를 맞다** 84

세계사 들여다보기 | **각양각색 힌두교의 신들** 85

세계사 넓게 보기 | **동남아시아로 전파된 인도 문화** 86

세계사 깊게 보기 | **혜초 스님의 인도 여행기** 87

3 샤자한

황후를 위하여 88

세계사 들여다보기 | **이슬람, 인도의 새 주인이 되다** 118

세계사 들여다보기 | **인도-이슬람 문화의 탄생** 119

세계사 넓게 보기 | **동인도 회사가 세워지다** 120

세계사 깊게 보기 | **마살라부터 카레까지** 121

4 마하트마 간디

인도의 위대한 영혼 122

세계사 들여다보기 | **세포이의 항쟁** 150

세계사 들여다보기 | **영국의 식민지가 되다** 151

세계사 넓게 보기 | **반영 운동의 시작, 벵골 분할령** 152

세계사 깊게 보기 | **조선을 위로한 타고르와 한용운** 153

5 자와할랄 네루

새로운 인도를 향하여! 154

세계사 들여다보기 | **인도의 독립운동가들** 182

세계사 들여다보기 | **오늘날의 인도** 183

세계사 넓게 보기 | **인도와 주변국들의 대립** 184

세계사 깊게 보기 | **한국 전쟁에 참전한 인도** 185

도전 세계사 놀이 퀴즈 186

도전 세계사 문제 퀴즈 190

도전 세계사 퀴즈 정답과 해설 196

비교 연표 198

이상한 나라 안내서
여기는 이상한 나라.
세상의 지식과 상상이 모여 만들어진 마법의 나라예요.
아트성
레스토랑
도서관
정원
음악관
인간, 동물, 요정, 마법사, 책 속의 인물 등 다양한 이들이 살고 있지요.

이상한 나라에서 가장 중요한 곳은 도서관이에요. 인간 세계와의 균형을 보여 주는 절대시계가 있거든요. 인간 세계가 흔들리면 여기도 무사하지 못해요.
도서관에 인간 세계로 넘어가는 시간의 문이 있다는 건 안 비밀!
껄껄
이상한 나라는 항상 평화로워요.
가끔 하트성에 사는 공주가 말썽을 일으킬 때 빼고는요.
엄마, 미워!
너 사춘기니?
오늘은 어떤 하루가 시작될까요?
덜 덜 덜

해리의 정원 파티

해리의 뷰티풀 가든 페스티벌
웅성
좌아아
좌
웅성
와아~ 해리의 정원은 언제 봐도 멋있군!
나무를 다듬어서 이런 모양을 만들다니, 정말 대단해!
웅성

이렇게 와 주셔서 정말 감사합니다!
짝
역시 해리는 최고의 정원사야!
짝
짝
정말 멋지다, 해리야!

그런데 있잖아. 인간 세계에도 멋진 정원이 많더라.
뭐?

인도 타지마할의 정원이 아름답기로 유명하지, 아마?
아, 책에서 봤어. 정말 멋지던걸?

인간 세계에 그렇게 멋진 정원이 있단 말이지?
해리야, 무서워….
혹시 내가 무슨 말실수를…?
부들
부들

지금 당장 확인해 봐야겠어!
타
앗

인도의 역사! 이게 바로 내가 찾던 책이야!
인도의 역사
척
이… 인도라고요?

***위대하다** 도량이나 능력, 업적 따위가 뛰어나고 훌륭함.

어, 이상하네?
여기 분명히 인도의
역사책이 있었는데?

조금 전에
하트 공주님이
가져가셨어.
그렇다면
혹시…?

아무리 생각해도 수상해!
당장 따라가 봐야겠어.
인도로 가는 거지?
그럼 나도 갈게!

서두르자!
우우웅
토리, 너도 가자!
나도…?
척
타 탁

석가, 깨달음을 얻다

*엉덩방아 미끄러지거나 넘어지거나 주저앉아서 엉덩이로 바닥을 쾅 구르는 짓.

***창시하다** 어떤 사상이나 학설 따위를 처음으로 시작하거나 만듦.
***신분** 개인의 사회적인 위치나 계급. 봉건 사회에서는 사회관계를 구성하는 서열.

***부처(22쪽)** 불도를 깨달은 성인.

*하소연 억울한 일이나 잘못된 일, 딱한 사정 따위를 말함.

아드님이 사춘기인가요?
그렇다면 제가 만나서
알아듣도록 잘….
아냐. 그 녀석
나이가 올해로
스물아홉 살인걸?

그럼 말썽을 부릴
나이는 아닌데….
말썽은커녕
단 한 번도 걱정을
끼친 적이 없는 아들이지.
태어날 때부터 특별한
아이였거든.

내 아내 마야가
그 아이를 임신했을 때
꿈에서 상아가 여섯 개나 달린
흰 코끼리가 겨드랑이로
들어왔다지 뭐야.
뿌
우
우
신기한
꿈이네요.
그런 걸
태몽이라고 하죠.

***존귀하다** 지위나 신분이 높고 귀함.
***평안하다** 걱정이나 탈이 없음, 또는 무사히 잘 있음.

싯다르타는 일찌감치 모든 학문을 깨쳤고,
힘도 좋아서 코끼리를 던져 버릴 정도였단다.

게다가 온갖 무예도 뛰어나서 할아버지가
사용하던 활을 한 손으로 쏘기도 했어.

　***채찍** 말이나 소 따위를 모는 데에 쓰는 물건.

*만물 세상에 있는 모든 것.
*부귀영화 재산이 많고 지위가 높으며 귀하게 되어서 세상에 드러나 온갖 영광을 누림.

석가모니 (기원전 563년경~기원전 483년경)

북인도 샤키아국의 왕자로 태어났어요. 우연히 궁궐 밖에서 늙고 병든 사람과 죽음을 목격한 이후, 인간이 겪는 고통에서 벗어날 방법을 고민하게 되지요. 깨달음을 얻기 위해 궁궐을 나와 고행한 끝에 마침내 '인간의 욕망이 고통의 시작이며, 욕망을 버리고 오로지 선하게 산다면 행복해질 수 있다'라는 깨달음을 얻었어요. 이후 싯다르타는 '깨달은 자'라는 뜻의 '붓다(부처)'라고 불리게 되었지요. 싯다르타는 '석가모니'라고 말하기도 하는데, '샤키아(석가)족의 지혜로운 자'라는 뜻이라고 합니다.

*골똘히(31쪽) 한 가지 일에 온 정신을 쏟아 딴생각이 없이.
*브라만교(31쪽) 고대 인도에서 발달한 종교.

무슨 생각을 그렇게 *골똘히 하셨어요?
오래전부터 이 부근의 나라들은 브라만교를 믿고 있지. 그런데 *브라만교는 카스트라는 엄격한 신분 제도가 있어.
그래서 사제나 귀족이 아닌 평민과 천민은 평생 힘들게 살아야 한단다. 근데 난 그들에게 해 줄 수 있는 게 아무것도 없어.

얼마 전
웅 성
웅 성
덜 커 덩
덜 커 덩
저 사람은 과거에 명성이 자자한 전사였는데 이제는 그저 힘없는 노인이 되어 버렸군요.

***내로라하다** 어떤 분야를 대표할 만함.

*가출 가정을 버리고 집을 나감.
*출가 번뇌에 얽매인 세속의 인연을 버리고 성자의 수행 생활에 들어감.

집에서 나가면 다 똑같은 거거든!
아닌 것 같은데….

왕자님이 또 외출을 하신다! 왕자님이 볼 수 없게 노인이나 환자는 모두 숨겨라!
네!
끼익

왕자가 세 번째 외출을 하는 모양이군. 지금이 기회야!
털
썩
갑자기 왜 그러세요?

잔소리 말고 너희도 어서 쓰러져.
으음….
털 썩

여기 사람들이 쓰러져 있습니다!
모두 치워!

으차!
엥? 내 계획은
이게 아닌데…?
질
질

화
악
풍
덩
으엑!

하트 공주님!
벌
떡

이 녀석들, 연기였어?
뭔가 수상한데?
척
다
다
닷
으아아!

하트 공주님이
갑자기 나타날지 모르니
주변을 잘 살펴야 해!
걱정 마!
두
두
두

*상여 사람의 시체를 실어서 묘지까지 나르는 도구.

*당부하다 말로 단단히 부탁함.
*금지하다 법이나 규칙이나 명령 따위로 어떤 행위를 하지 못하도록 함.

꼭 나가고
싶으세요?
물론이지. 성 안에는
세상 사람들의 모습을 볼 수가 없어.
내가 무엇을 해야 할지 정하려면
좀 더 많은 걸 봐야 하는데….

우리가
도울 수 없을까?
나한테 좋은
방법이 있어.

으으…,
공주님 몸에서
소똥 냄새가 나요.
지금 그게
중요한 게 아냐!
구
리
구
리

이번에는
반드시…!
화
악

***진즉** 좀 더 일찍이.

딱 보니 그대는 성자가
되어야 할 인물이군요.

내 제자가
되겠나요?
전 좋습니다.
배우고 싶어요.

모모야!
저 사람….
나도 눈치챘어.

우리가 속을 줄
알았어요?
훌
렁
훌
렁
탓
억!
이럴 줄
알았어!

*수도자 도를 닦는 사람.
*이치 사물의 정당한 상태나 모양. 또는 도리에 맞는 취지.

***제자** 스승으로부터 가르침을 받거나 받은 사람.
***설득하다** 상대편이 이쪽 편의 이야기를 따르도록 여러 가지로 깨우쳐 말함.

*극복하다 악조건이나 고생 따위를 이겨 냄.
*고행 몸으로 견디기 어려운 일들을 통하여 수행을 쌓는 일.

***설법** 불교의 교의를 풀어 밝힘.

뭔가 예전과 느낌이 달라.
이제는 왕자가 아니라 성자니까.

웅성 웅성

척
앗!

조심해!
턱
당장 막아야 해!

으으….
사람들이 너무 많아서 가까이 다가갈 수가 없어!

*정식 정당한 격식이나 의식.
*제안 생각이나 의견으로 내놓음. 또는 그 안이나 의견.

***욕망** 부족을 느껴 무엇을 가지거나 누리고자 탐함. 또는 그런 마음.

***수행하다** 생리적 욕구를 금하고 정신과 육체를 훈련함.
***헛소리** 실속이 없고 미덥지 아니한 말.

석가모니 말고도 인도에는 다른 위대한 인물이 많아! 가자!
슈
슈

***범접하다** 함부로 가까이 범하여 접촉함.

석가모니가 창시한 불교는
이후 마우리아 왕조의 아소카왕과
쿠샨 왕조의 카니슈카 1세에 의해
세계적인 종교로 발전해.
좋아! 우린 그럼
하트 공주님을 뒤쫓자!
팟
타 타 탁

아리아인의 등장

아리아인은 중앙아시아 지역에서 유목 생활을 하던
민족이었습니다. 이들이 인더스강 주변으로 넘어오기
시작한 것은 기원전 2000년경부터예요. 강력한 철제
무기로 무장한 아리아인은 드라비다족을 남쪽으로
쫓아내고, 인더스강과 갠지스강 주변의 기름진 땅을
차지했어요. 아리아인이 인도 역사의 새 주인공으로
등장한 것입니다. 아리아인들은 자신들의 문화를
퍼뜨리기 시작했어요. 대표적인 것이 하늘과 땅,
물과 불, 태양과 같은 자연을 신으로 받들어 모시는
브라만교와 신분을 계급으로 나눈 '바르나'였습니다.

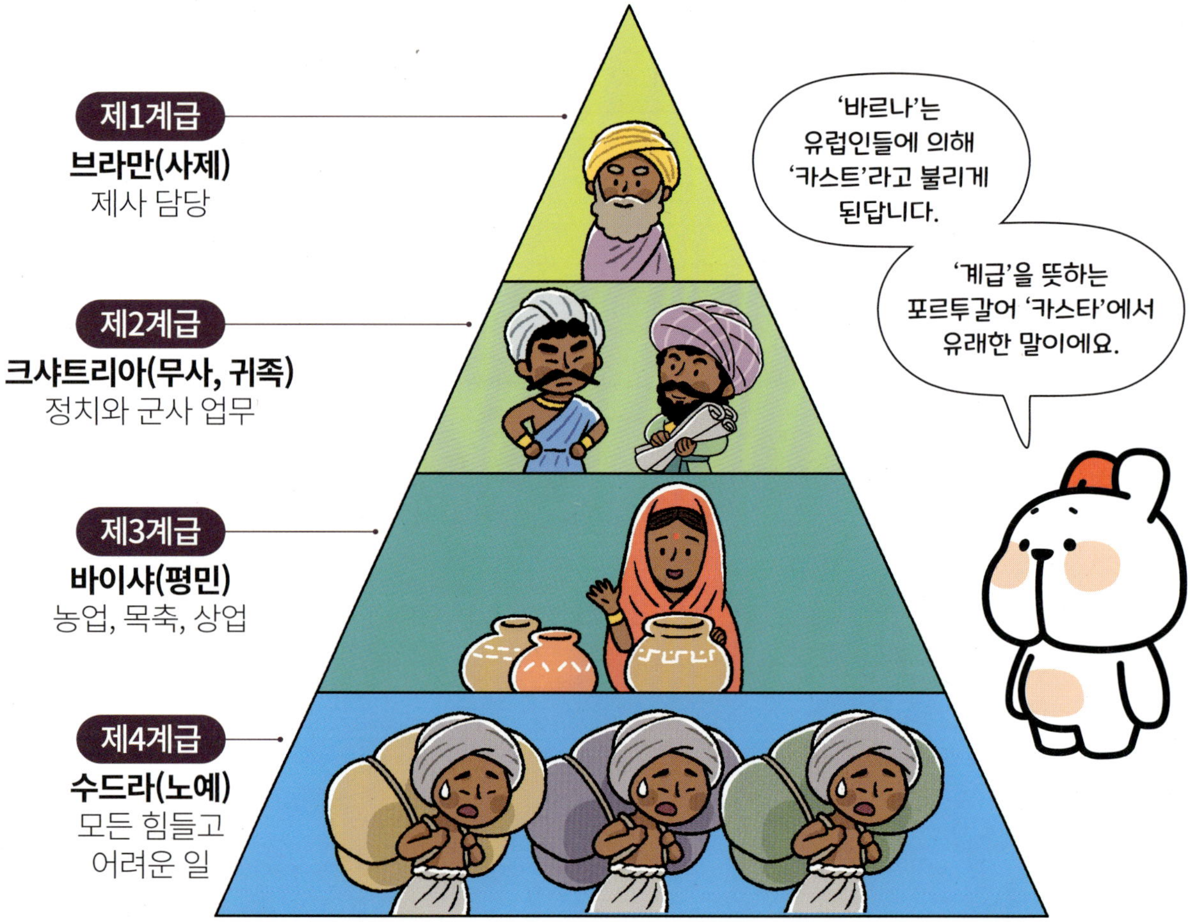

제1계급
브라만(사제)
제사 담당

제2계급
크샤트리아(무사, 귀족)
정치와 군사 업무

제3계급
바이샤(평민)
농업, 목축, 상업

제4계급
수드라(노예)
모든 힘들고
어려운 일

퀴즈 드라비다족을 쫓아내고, 인도 역사의 중심이 된 민족은?
① 아리아인   ② 브라만

불교의 탄생

아리아 사람들이 믿었던 브라만교는 신분 차별이 무척 심했어요. 사람들은 점차 '자이나교'라는 새로운 종교에 관심을 가지기 시작했지요. 자이나교는 모든 생명을 소중하게 여겼고, 고행으로 깨달음을 얻을 수 있다고 믿었어요. 이후에 등장하는 불교에도 큰 영향을 주었지요.

불교를 만든 '싯다르타(석가모니)'는 원래 북인도의 어느 작은 왕국에서 태어난 왕자였어요. 부유하고 편안한 삶을 살 수 있었지만, 모든 것을 버리고 곳곳을 떠돌며 힘든 생활을 한 끝에 마침내 깨달음을 얻었지요. 사람들은 그를 '붓다'라고 불렀는데, '깨달은 자'라는 뜻이라고 해요. 붓다는 삶의 모든 고통과 괴로움은 모두 인간의 욕망 때문이며, 바르게 생각하고 수행해야 이를 이겨 낼 수 있다고 가르쳤어요.

그리스 조각과 간다라 불상

원래 인도인은 연꽃, 수레바퀴 등으로 부처를 표현했을 뿐, 부처의 모습을 만들지 않았어요.
부처를 신으로 섬기는 것이 아니라, 부처를 따르며 깨달음을 얻으면 된다고 여겼기 때문이지요.
그러나 파키스탄 북부에 있는 간다라 지방에서는 신을 조각으로 표현한 헬레니즘 문화의 영향을
받아 곱슬머리에 오뚝한 코, 입체적이고 굵은 옷 주름 등 그리스 조각상의 모습과 비슷한 부처의
조각, 즉 불상을 만들기 시작했어요. 이렇듯 인도 서북부에서 5세기 무렵까지 발달한 양식을
'간다라 미술'이라고 합니다. 간다라 미술은 중앙아시아를 거쳐 동아시아까지 영향을 미쳤어요.

아시아 곳곳으로 전해진 불교

인도에서 탄생한 불교는 마우리아 왕조의 아소카왕 때 동남아시아 여러 나라에 전해졌고,
쿠샨 왕조의 카니슈카왕 때에는 동북아시아로도 전해졌어요. 불교는 그 나라의 문화에 따라
조금씩 변형되어 그 나라만의 개성을 담게 되었지요. 그래서 스리랑카, 태국, 캄보디아 등
동남아시아는 상좌부 불교가 발달했고, 중앙아시아와 동아시아에는 대승 불교가 발달했답니다.
티베트에 전래된 불교는 독자적인 발전을 거쳐 라마교로 불렸고, 몽골에 전파되었어요.

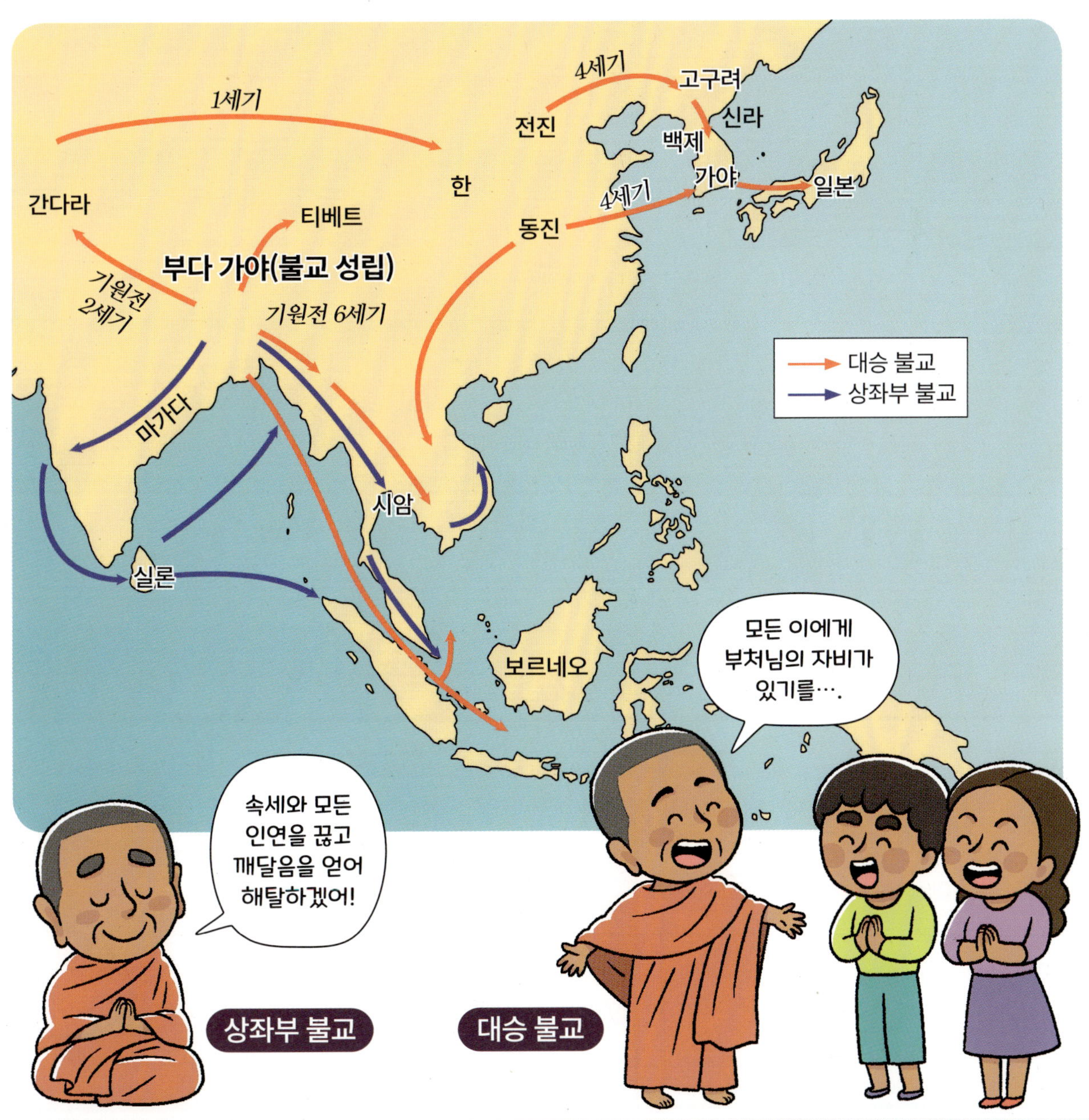

제국의 *황금기를 열다

*황금기 절정에 올라 가장 좋은 시기.
*흔하다(57쪽) 보통보다 더 자주 있거나 일어나서 쉽게 접할 수 있음.

모두 물러나시오!
비켜요, 비켜!
내일 결혼식에
공주님이 타고 가실
코끼리예요.
뿌
우
우
쿵
쿵
헉!
방금 공주님의
결혼식이랬지?
응, 나도
확실히 들었어.
결혼은 이 시기에
영토를 넓히는 가장
*흔한 방법이었지.
그나저나
하트 공주님의 발자국이
안 보여.
그럼 돌아다니면서
직접 찾아보자!
스윽
아하! 전쟁 대신
결혼으로 평화롭게
해결하는 거군?
타
탁

*명상 고요히 눈을 감고 깊이 생각함.

***원주율** 원둘레와 지름의 비. 약 3.14:1이며 기호는 π.

***서사시** 역사적 사실이나 신화, 전설, 영웅의 사적 따위를 서사적 형태로 쓴 시.

***불가촉천민** 접촉할 수 없는 천민이란 뜻으로, 카스트 제도에서 가장 낮은 신분을 이르는 말.

*비겁하다 비열하고 겁이 많음.
*심판 어떤 문제와 관련된 일이나 사람에 대하여 잘잘못을 가려 결정을 내리는 일.

*실제 사실의 경우나 형편.
*소재 어떤 것을 만드는 데 바탕이 되는 재료.

*삼다(62쪽) 무엇을 무엇이 되게 하거나 여기다.
*평화 협정 군사적으로 대치하고 있는 나라나 지역이 평화를 위하여 맺는 협정.

*비열하다 사람의 하는 짓이나 성품이 천하고 졸렬함.

***실감** 실제로 체험하는 느낌.

하트 공주님의 발자국을 찾았어!
여기는 프랍하바티 공주님이 계시는 곳이다! 출입 금지야!
어째서 발자국이 저 안으로 이어져 있지?
불안하게… 무슨 *흉계를 꾸미는 거지?
얘들아, 이쪽이야! 틈을 찾았어.
자, 천천히 *심호흡 해 보세요.
후우…

*흉계(66쪽) 악하고 모질은 계략.
*심호흡하다(66쪽) 의식적으로 허파 속에 공기가 많이 드나들도록 숨을 쉼.

공주를 납치한 뒤 찬드라굽타 2세에게 협상을 요구할 거야!
아하! 그 자리에서 왕을…!
역시 나쁜 짓은 우리 공주님이 최고!
소곤
소곤

언제까지 이러고 있어야 하나요?
조금만 더 참으세요.
척

자, 그럼 하나, 둘…!
스윽

하트 공주님!
이번엔 또 무슨 나쁜 짓이에요?

헉! 너희가
여길 어떻게 알고?
무슨 일이에요?
당신들은 누구죠?
척
저 사람은 공주님을
납치하려는 거예요!
네?
불이야! 불이야!
불이 났다고?
괜찮으십니까,
공주님?
화
악

쳇, 일단 후퇴다!

같이 가요!

다 다 닷

거짓말을 했군! 꼼짝 마라!

아까 그 꼬마 녀석들 아냐?

척

멈춰요, 나쁜 사람들이 아니에요!
네?

당신들이 날 구했군요. 정말 고마워요.

근데 생각해 보니 진짜 목표는 공주님이 아니에요!
그럼 누구…?

아버지군요! 그렇죠?
맞아요, 찬드라굽타 2세!

짜
안
궁궐로 가는 비밀 통로예요. 왕실 사람들만 알고 있죠.
이런 곳이 있었다니!

***깃들다** 감정, 생각, 노력 따위가 어리거나 스밈.
***상징하다** 추상적인 개념이나 사물을 구체적인 사물로 나타냄.

*혼인 각자 다른 두 사람이 부부가 되는 일.
*예정 앞으로 일어날 일이나 해야 할 일을 미리 정하거나 생각함.

하지만 병사들이 지키고 있어서 다가가기 어려울 텐데요?
다~ 방법이 있지.

웅성
웅성

왕의 시야를 가리니 저만치 물러나도록!
찬드라굽타 2세께서 직접…?
웅성
웅성

찾아 주셔서
감사합니다.
웅성
웅성
이웃 나라에서 온
하트 3인조의 무대를
먼저 보시겠습니다.
예정에 없던
공연인데?
첫
봤지? 직접
출연하면 왕에게
가까이 다가갈 수
있다고!
쿵짝
쿵
짝
역시 공주님은
머리가 좋으세요!

에이, 저게 뭐야? 엉망이잖아?
어서 연극이나 시작해!
웅성
웅성
멀리서 온 손님에게 인사를 하고 싶군.
잘 봐 주셔서 고맙습니다. 감사의 뜻으로 제가 직접 선물을 드리고 싶군요.
좋습니다. 다가오시오.
좋았어! 작전 성공! 기회를 놓칠 수 없지!
스을

찬드라굽타 2세 (재위 380년~415년)

인도 굽타 왕조의 제3대 왕으로, 왕조의 최고 전성기를 이룩
했어요. 정복 사업을 활발하게 전개해 강대한 샤키아 왕국을
정복했고, 때로 경쟁국과 결혼을 통해 *동맹을 맺으며 힘을
키웠지요. 중국과 로마로 이어지는 교통로를 차지해 경제적
발전을 이루었으며, 서쪽으로도 영토 확장을 해서 서아시아
문화를 받아들이기도 했어요. 특히 대학을 세우는 등 학문을
적극 장려해서, 산스크리트 문학도 크게 발전시켰지요.
인도가 영토·문화면에서 현재의 모습을 갖추게 된 것도
찬드라굽타 2세 때부터입니다.

***동맹** 서로의 이익이나 목적을 위하여 함께 행동하기로 맹세하여 맺는 약속.

***과장** 사실보다 지나치게 불려서 나타냄.

***출연** 연기, 공연 등을 하기 위하여 무대에 나감.

이렇게 하는 건 어때요?
?

…이렇게 된 거예요.
으…
다시 현재

기
우
뚱

힘 좀 팍팍 쓰라고!
밀고 있어!

*틈 어떤 행동을 할 만한 기회.

＊만(83쪽) 바다가 육지 속으로 파고들어 와 있는 곳.

이후 굽타 왕국은 동쪽으로 벵갈*만, 서쪽으로 아라비아해까지 영토를 크게 확장하여 동양과 서양을 잇는 무역의 중심지가 된다.

문화의 황금기를 맞다

굽타 왕조 시대에는 문화적으로도 크게 발전하여 인도 고대 문화의 황금시대를 맞이했어요.
브라만 계층의 언어인 산스크리트어가 공용어가 되면서 산스크리트 문학이 속속 등장했지요.
고대로부터 전해져 오던 대서사시 《마하바라타》와 《라마야나》가 정리된 것도 이 시기예요.
《마하바라타》는 바라타왕을 조상으로 하는 카우라바스족과 판다바스족 사이에 벌어진
전쟁 이야기를 읊은 서사시로, 18일 동안에 판다바스족이 승리를 거두는 과정을 다루고 있어요.
《라마야나》는 라사왕의 활약을 묘사한 대서사시로, 사나운 마왕 라바다에 맞서는 라사왕의
무용담과 충성심이 주요 내용이지요. 두 작품은 후세의 인도 문학과 사상에 아주 큰 영향을
끼쳤어요.

각양각색 힌두교의 신들

브라만교에서 자이나교와 불교로 옮겨 갔던 사람들은 시간이 흐르며 다시 브라만교로 돌아오기 시작했어요. 사람들은 힘들 때 믿고 의지할 신을 원했는데, 불교는 자신의 깨달음만 중요하게 여길 뿐 신을 섬기지 않았기 때문이에요. 이에 굽타 왕조의 왕들은 다른 종교의 장점을 가져오고 브라만교의 단점을 바꿔서 새로운 종교를 만들어요. 그렇게 탄생한 것이 바로 오늘날 인도인이 가장 많이 믿는 종교인 '힌두교'입니다. 힌두교의 특징은 여러 신의 존재를 인정하는 거예요. 대표적인 힌두교 신으로는 우주를 만든 '브라흐마', 우주의 질서를 유지하는 '비슈누', 우주를 파괴하는 '시바'가 있어요. 이 밖에도 코끼리 신 '가네샤'와 원숭이 신 '하누만' 등도 유명하지요.

브라흐마

시바

비슈누

가네샤

하누만

퀴즈 힌두교의 신 중 우주의 질서를 유지하는 신은?
① 브라흐마 ② 비슈누

동남아시아로 전파된 인도 문화

인도인들은 일찍부터 동남아시아를 자주 오갔어요. 이 과정에서 마우리아 왕조의 아소카왕은 불교를, 굽타 왕조는 힌두교를 전해 주었지요. 동남아시아의 금, 향신료 등을 구하기 위한 인도 상인들의 발걸음도 이어졌어요. 9세기, 지금의 캄보디아에 들어선 앙코르 왕조와 인도네시아의 마타람 왕국은 힌두교로 이름이 드높았답니다. 캄보디아의 '앙코르와트'는 인도네시아의 '프람바난 사원'과 함께 세계인에게 자랑할 만한 문화유산으로 손꼽혀요.

프람바난 사원

앙코르와트 사원

퀴즈 캄보디아에 있는 세계적인 힌두교 사원은?
① 앙코르와트 ② 제임스 와트

혜초 스님의 인도 여행기

신라인 혜초는 중국 당나라에서 '금강지'라는 남인도 출신의 승려를 만나 불교를 배웠어요.
722년에는 금강지의 권유에 따라 불교가 탄생한 인도를 직접 돌아보기로 하지요. 배로 바다를
건넌 혜초는 이후 4년에 걸쳐 인도와 서역 지방, 아랍 문화권을 두루 돌아보고 중앙아시아를
거쳐 727년에 다시 당나라로 돌아왔어요. 이 여행을 기록한 책이 <왕오천축국전>이랍니다.
'다섯 천축국에 간 이야기'라는 뜻으로, 다섯 천축국은 동-서-남-북-중 천축국을 가리키지요.
여기서 '천국축'은 당나라에서 인도를 부르던 이름이에요. <왕오천축국전>에는 당시 인도의
풍습이나 불교에 관한 내용이 생생하게 기록되어 있어서 역사적인 가치가 매우 높답니다.

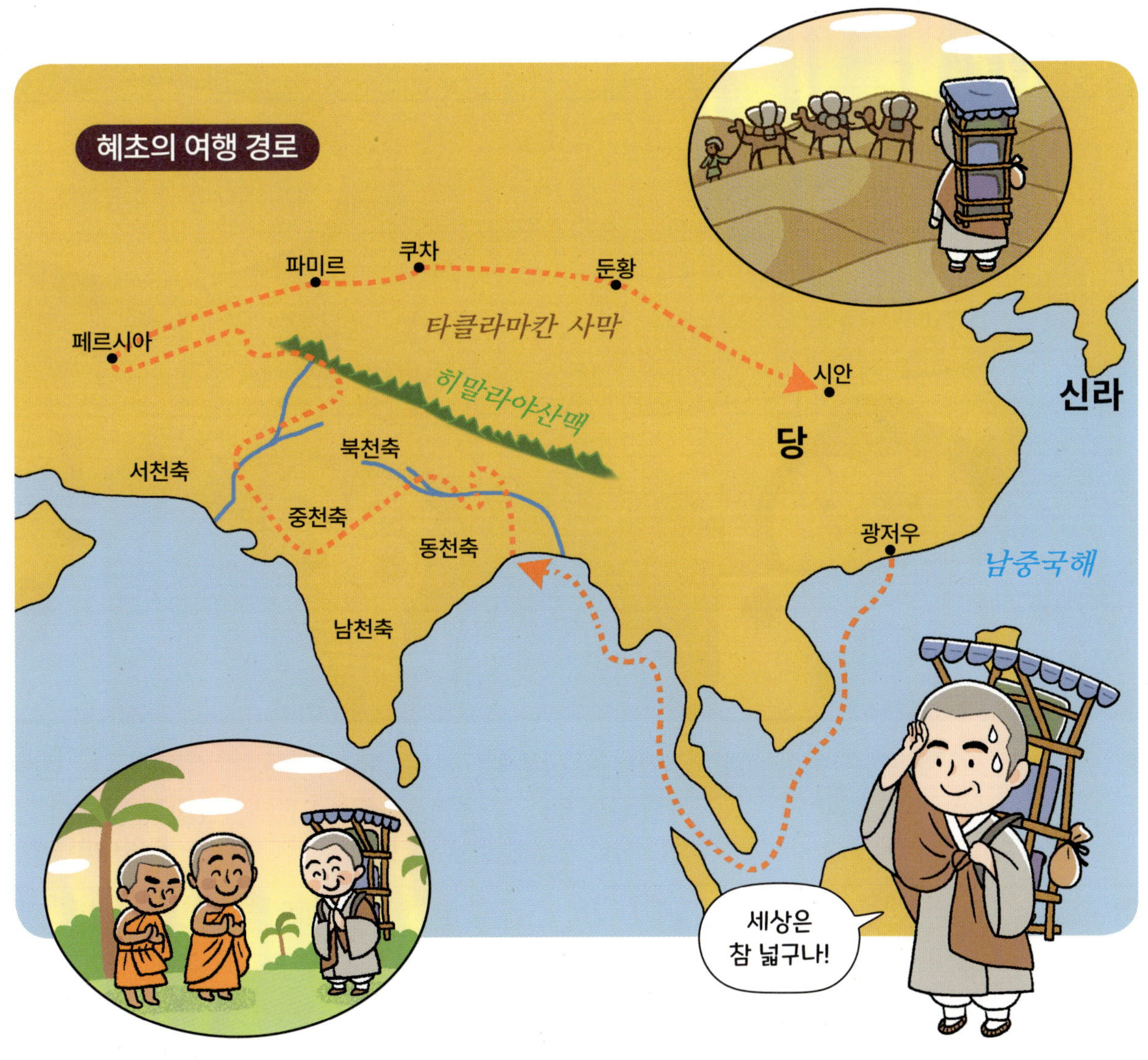

황후를 위하여

1611년 무굴 제국의 수도, 아그라 왕궁
여긴 또 어딘가요, 공주님?
무굴 제국! 샤자한이라는 위대한 왕이 있었대.
거참, 기왕이면 성안에 시간의 문을 좀 여시지….
맞아! 매번 힘들다고요.
그게 내 맘대로 되는 게 아니라고!
버
럭

*수도 한 나라의 중앙 정부가 있는 도시.

무굴 제국?
응, 몽골의 후손 바부르가 세운 나라야. 5대 왕인 샤자한 때 *황금기를 누렸지.

하트 공주가 노리는 인물은 샤자한 왕이겠군.

눈치 하난 빠르다니까!
시작도 하기 전에 딱 들키셨네요.

어라?

타
아

쿵
스윽
으윽…!
이봐요, 지금 뭐 하는 거예요?
설마 도둑?
헉!
도… 도둑이라니! 그런 거 아냐!
눈치 보며 담을 넘는다는 건….
그럼 왜 성에서 몰래 빠져나오는 거죠? 그것도 이 늦은 밤에!
*사정이 있어서 그래! 제발 좀 믿어 줘! 들키면 큰일 난다고!

***사정** 일의 형편이나 까닭.

***순발력** 순간적으로 판단하여 말하거나 행동하는 능력.

자, 이제 다시
얘기해 볼까요? 당신은 누구죠?
뭐 하는 사람이에요?
난 쿠람 왕자야.

왕자?
에이~ 거짓말!
왕자가 왜 성에서
몰래 나와요?

사람들 몰래 만나야 할
누군가가 있으니까.
무슨
일인데요?

정 못 믿겠으면
따라와.
소개시켜
줄 테니….
휙

*들키다 숨기려던 것을 남이 알게 됨.
*짐작(95쪽) 사정이나 형편 따위를 어림잡아 헤아림.

***반란** 정부나 지도자 따위에 반대하여 내란을 일으킴.
***진압** 강압적인 힘으로 억눌러 진정시킴.

***반역자** 반역 하거나 하려는 사람.

***의붓아들** 결혼했던 여자가 다시 결혼하면서 데리고 온 아들. 또는 남편의 전 아내가 낳은 아들.

샤자한 (1592년~1666년)

무굴 제국 4대 황제 자항기르의 셋째 아들로 태어났어요.
10대 중반부터 *원정에 참여하여 군사적 능력을 발휘했지요.
또, 군사 시설이나 새로운 성 건설을 주도하면서 건축에도
뛰어난 재능을 보였어요. 어린 시절 이름은 '쿠람'이었으나,
1617년 데칸 지역 원정을 큰 승리로 이끌어 '세계의 용맹한
왕'이라는 뜻의 '샤자한 바하두르'라는 칭호를 얻었습니다.
확장한 영토는 체계적인 행정 체제를 *운용해 성공적으로
다스렸으며, 상업과 수공업을 발전시키고 예술과 건축도
*장려했어요. 타지마할도 샤자한에 의해 건축되었습니다.

*원정 먼 곳으로 싸우러 나감.
*운용 무엇을 움직이게 하거나 부리어 씀.

* **장려하다**(98쪽) 좋은 일에 힘쓰도록 북돋아 줌.
* **꼼짝없이** 현재의 상태를 벗어날 방법이나 여지가 전혀 없이.

이제 알겠군.
쿠람 왕자가 샤자한이고 그리고 뭄타즈 마할과는 사랑하는 사이!
그나저나….

저 녀석들 때문에 접근이 어렵겠는데요?

아주 좋은 계획이 떠올랐어.

쿠람 왕자와 내 조카 뭄타즈 마할이 사랑하는 사이라는 말이지?
그렇습니다.

누군지는 모르겠지만 일부러 알려 줘서 고맙군. 하지만….

난 사실 이미 눈치채고 있었어.
엥?

첫!
그 이야기로 나에게 뭔가 대가를 기대했다면 틀렸어. 그만 가 봐.

그럼 쿠람 왕자를 이 세상에서 완전히 사라지게 하는 건 어떤가요?
뭐?
벌
떡

이제 제 얘기가 솔깃한가 보군요?

*눈엣가시 같은 존재인데 당연하지! 어디 한번 들어 볼까?

지금 당장….
아무도 모르게 사원 뒤편으로…?

뭄타즈 마할이 편지를 보냈어.

한 시간 뒤에 사원 뒤편에서 만나자는군. 무슨 일이지?
거기서 만난 적은 없었는데….

*눈엣가시(102쪽) 몹시 밉거나 싫어 늘 눈에 거슬리는 사람.

좌
라
락
앗!

무슨 짓이에요!
당장 풀어 줘요!
버둥
버둥
미안해요. 하지만
저희도 어쩔 수 없으니
이해해 주세요.

***따르다** 관례, 유행이나 명령, 의견 따위를 그대로 실행함.

그게 뭔가?

그냥 이 카드를
바라보고 얌전히
서 있으면 돼요.
쩍

샤 삭
샥

휙
응?

잘못 봤나?
스 스 슷

***달다** 물건이 잇대어져 붙다.

*어림없는 소리!
꿈 깨시죠!
타
앗
앗!
으아악!!
뻥
펑
응?
뭄타즈 마할 님은
걱정 마세요!
*어림없다 도저히 될 가망이 없음.

***발휘** 재능, 능력 따위를 떨치어 나타냄.

이후 누르자한도 어쩔 수 없이 두 사람의 혼인을 승낙하고 자한기르의 뒤를 이어 왕위에 오른 샤자한은 무굴 제국을 세계에서 가장 번영한 나라로 이끈다.

1666년 타지마할 부근
17세기 중반의 타지마할 근처야! 
여기는 또 어디야?
슈욱
척
저게…!
두
둥
솔이가 말했던 타지마할이구나!
정말 아름답다! 인정할 수밖에 없어.

*밀어내다 힘이나 압력을 가하여 물러나게 함.
*수용하다 어떠한 것을 받아들임.

타지마할이 바로 인도와 이슬람 문화가 섞인 작품이야.
그렇구나…

저기 봐!
두리언
다 닷

녀석들이 넋 놓고 구경하는 틈에 성으로 *진입 성공!
타
타 탓

포기하고 돌아간 줄 알았는데… 이런!
타
앗

샤자한은 저기에 없어.
뭐?
끼
잉

*진입 향하여 내처 들어감.

타지마할은 샤자한이 뭄타즈 마할을 *기리기 위해 지은 무덤이야!
저런… 뭄타즈 마할이 먼저 세상을 떠났구나!
저 아름다운 성이 무덤이라고?

응, 뭄타즈 마할은 결혼 19년이 되던 해에 아이를 낳다가 세상을 떠나고 말았어.
아….

도대체 샤자한은 어딨는 거야?
궁궐치곤 분위기가 좀 다른 것 같아요.
물어볼 사람도 안 보이네.
두리번
두리번

*기리다(114쪽) 특별한 사람을 칭찬하고 기억함.
*여생 앞으로 남은 인생.

두 사람이 영원히 행복하길 바랐는데….
타지마할에 얽힌 이야기는 영원히 잊지 못할 거야.
우우웅
타

이슬람교 국가였던 무굴 제국은 아우랑제브 시대부터 포용 정책을 버리고
다른 종교를 억압했으며, 이로써 다시 분열이 시작된다.
동시에 포르투갈, 네덜란드 등 유럽 열강의 침입을 받다가
결국 영국의 지배하에 놓이게 된다.

이슬람, 인도의 새 주인이 되다

굽타 왕조가 무너진 뒤, 인도는 여러 개의 작은 나라로
갈라져 다투고 있었어요. 이 혼란을 틈타 8세기 무렵에는
이슬람 세력까지 쳐들어오지요. 이후 13세기에는 이슬람
왕국이 들어섰는데, 힌두교와 대립하여 크게 발전하지는
못했어요. 그러던 16세기 무렵, 중앙아시아의 작은 나라인
'페르가나' 왕국의 국왕, '바부르'가 인도 땅으로 건너와
이슬람 왕국을 물리치고 새로운 이슬람 왕조를 세웠어요.
이것이 바로 '무굴 제국'입니다. 무굴 제국은 인도의
마지막 이슬람 제국으로서 19세기까지 존재했어요.

⬆ 무굴 제국의 영토 변화

퀴즈 무굴 제국을 세운 사람의 이름은?
① 바부르 ② 티무르

인도-이슬람 문화의 탄생

무굴 제국의 탄생으로 이슬람이 인도 땅의
새 주인이 되었어요. 하지만 이들은 인도
사람들에게 이슬람 문화를 받아들이라고
강요하지 않았고, 오히려 힌두교 등 원래
인도의 문화와 이슬람 문화를 조화시켜
새로운 인도-이슬람 문화를 꽃피웠어요.
힌두교의 연꽃무늬와 이슬람의 둥근 돔이
조화를 이룬 타지마할이 대표적이지요.

↑ 암리차르 황금 사원

동인도 회사가 세워지다

15세기 유럽의 최고 인기 상품은 '향신료'였습니다. 향신료란, 음식에 맵거나 향기로운 맛을 더하는 조미료를 말해요. 당시 유럽에서는 인도에서 들여온 후추가 아주 비싸게 거래되었어요. 이에 유럽 국가들은 앞다투어 인도로 가는 뱃길을 찾기 시작했고, 얼마 지나지 않아서 인도는 유럽의 여러 나라와 무역을 하게 되었습니다. 네덜란드, 프랑스, 영국 등은 17세기 초부터 아예 인도 땅에 '동인도 회사'라는 무역 회사를 만들어 후추·커피·사탕수수·면직물 등을 독점했어요. 그런데 18세기 초부터 동인도 회사는 안전을 핑계 삼아 군대를 앞세우기 시작했고, 인도 곳곳의 통치권과 경제권을 조금씩 빼앗으며 지배력을 키워 나갔어요. 식민지 역사의 시작이었지요.

퀴즈 동인도 회사가 인도에서 주로 거래한 물품은?
① 후추 ② 카카오

마살라부터 카레까지

인도에는 향신료의 종류만 수백 가지가 넘는다고 해요. 향신료는 음식의 맛과 향을 더해 줄 뿐만 아니라 음식이 쉽게 상하는 것을 방지하고, 더위를 이기는 데에도 도움을 준다고 하지요. 우리에게 가장 친숙한 인도 문화인 '카레'도 향신료를 이용한 음식입니다. 그런데 카레의 원래 모습은 '마살라'라는 음식이라고 해요. 마살라는 여러 향신료를 고기·채소 등과 함께 볶아먹는 음식으로, 인도에서는 가장 흔한 음식이에요. 식민지 시절, 영국인들이 마살라를 본국에 소개한 것이 일본에 전해져 일본식 '카레'가 되었고, 우리나라에도 알려지게 된 것입니다.

인도의 위대한 영혼

1893년, 남아프리카
빠
앙
폭 폭
칙 칙
여긴 열차 안이잖아?
어째서 이런 곳에
떨어진 거지?
지금은
19세기 후반의…
덜
컹
덜
컹

남아프리카?
뭐? 인도가 아니고?
덜컹
덜컹

잘못 보거나 고장 난 거 아냐?
회중시계는 멀쩡해.

남아프리카는 인도에서 굉장히 먼데 어째서 여기에….

이유가 있을 거야. 일단 하트 공주님의 흔적을 찾아봐.
알았어.
덜컹
덜컹
척

발자국이 보여!
하트 공주님이 열차 안에 있는 게 확실해!

***위기** 위험한 고비나 시기.
***일등칸(125쪽)** 선박이나 열차 따위에서 좋은 시설을 갖춘 방.

여기는 *일등칸
아닙니까?
무슨 일입니까?
어떻게 인도인이
타고 있는 거죠?
덜컹
덜컹
무척 불쾌하고
불편하군요.
저도 똑같은 돈을 내고
열차표를 샀습니다.
어이, 당장
자리에서 일어나!
덜컹
덜컹

이런 차별은 부당합니다.
뭐가 어째?

와! 저분 멋있는데?
난 화부터 냈을 거야.

인도인 주제에 어디 감히 대들어?
지금 이건 폭력입니다.
꾸악

휙
말로 얌전히 타일러서는 안 되겠군!

멈춰요!
벌컥

정말 너무한 거 아니에요?
폭력을 쓴다면 우리도 가만히 있지 않겠어요!
?
멈칫
좋아! 한꺼번에 처리해 주지!
조금 전 수상한 녀석들?
ㅇㅇㅇ….
스
윽

전부 내려!
으아아!
휙
끼익
휙
덜컹
어? 정말 가 버리네?
칙칙 폭폭
뭐 이런 곳이 다 있어?

후우···.
아저씬 이런 일을 겪고 화도 안 나요?

여긴 차별이 심해.
그래도 너무 심한데요?

도와줘서 고맙다.

아, 내 소개가 늦었군. 난 간디라고 한단다. 인도에서 왔지.
간디?

마하트마 간디 (1869년~1948년)

인도의 상인 계급 집안에서 태어났어요. 젊은 시절 영국에 *유학해 변호사 자격을 얻었지요. 사건을 맡아 남아프리카에 갔다가 그곳에서 인도인이 심하게 인종 차별을 받는 것을 경험하고, 인종 차별 반대 운동을 시작했어요. 이후 인도에 돌아와 영국의 식민 통치에 대항하여 독립운동을 벌였지요. 영국에 대한 납세 거부, 취업 거부, 상품 불매 같은 비협력-비폭력 운동을 주장하여 많은 지지를 얻었습니다. 제2차 세계 대전 후 인도 독립 과정에서 힌두교와 이슬람교가 분열해 대립하자 두 세력의 융합을 위해 노력했어요.

***건국** 나라가 세워짐. 또는 나라를 세움.
***유학** 외국에 머물면서 공부함.

***변호사** 법률이 정한 자격을 가지고 의뢰 또는 법원의 명령에 따라 피고나 원고를 변론하며 그 밖의 법률에 관한 업무에 종사하는 사람.

*수상하다 보통과는 달리 이상하여 의심스러움.
*유독 많은 것 가운데 홀로 두드러지게.

*포기 하려던 일을 도중에 그만두어 버림.

***주도권** 주동적인 위치에서 이끌어 나갈 수 있는 권리나 권력.
***영토** 국제법에서, 국가의 통치권이 미치는 구역.

***모욕** 깔보고 욕되게 함.
***항쟁** 맞서 싸움.

무슨 일이 있나 봐.
얼른 가 보자!
어? 뭐 하는
사람들이지?
웅성 웅성
타 타탁

앗, 저기!
웅 성 웅 성
간디다!

혹시 저희를
기억하시겠어요?
아, 너희는 예전
남아프리카에서….

그 후 나는 남아프리카에서
여러 가지 차별법에 반대하는
비폭력 인권 운동을 펼쳤지.
그동안 어떻게
지내셨어요?
그러다가 1915년에
인도로 돌아와 국민회의의
지도자가 됐어.
와
와
아
와

고생이
많으셨겠어요.
사실 여러 번
*투옥당했지만, 평화
투쟁을 계속했어.

*투옥 옥에 가둠.

***항의하다** 못마땅한 생각이나 반대의 뜻을 주장함.
***정책** 정치적 목적을 실현하기 위한 방법.

*행렬 여럿이 줄지어 감. 또는 그런 줄.
*합류하다 둘 이상의 흐름이 한데 합하여 흐름.

***총독** 어떤 관할 구역 안의 모든 행정을 통할하는 직책.
***회담** 어떤 문제를 가지고 거기에 관련된 사람들이 한자리에 모여서 토의함.

*체포 신체에 직접적인 제한을 가하여 행동의 자유를 빼앗음.
*접근 가까이다가감

***계획** 앞으로 할 일의 절차, 방법, 규모 따위를 미리 헤아려 작정함.
***청하다**(143쪽) 어떤 일을 이루기 위하여 남에게 부탁을 함.

이런 적은 처음인데….
이젠 어쩌지?

도서관 녀석들한테라도 도움을 *청해 볼까?
그 녀석들이 우리를 도와줄까?

소금행진 쉼터

무슨 편지예요?
영국 총독이 나와 이야기하고 싶다는구나.

이상하게 생긴 녀석들이 찾아왔습니다.
너흰…?
응?
척

*오죽 '얼마나'의 뜻을 나타내는 말.

***사고뭉치** 늘 사고나 말썽을 일으키는 사람을 낮잡아 이르는 말.

*석방하다 법에 의하여 구속하였던 사람을 풀어 자유롭게 함.
*요청 필요한 어떤 일이나 행동을 청함. 또는 그런 청.

공주님!
고생하셨어요!
와
락
저리 비켜,
이 배신자들!

실은 저 녀석들이
도와줬어요.
특히
간디 님이요.
응?

친구가 무사히
나왔구나.
친구는
아니에요.

그런데 네가 날
찾았다고?
다가가지 마세요!
간디 님을 노리고 있어요!

제 발로 오다니!
이게 웬 떡이야?
척
폭력은
해결책이 될 수 없단다.
오직 평화만이 세상을
바꿀 수 있지.
!
여기는 틀렸어!
그만 가자!
휙
어? 왜요?
평소의
하트 공주님과
달라.
지금 이거
꿈 아니지?
꼬집
감옥에 있었더니
피곤해서 그래!
슈
슉
슉

간디는 영국의 인도 식민 통치에 저항하여 비폭력·불복종 운동을 전개했다. 정당하지 못한 폭력보다 평화로운 마음이 더 높은 수준에 있다는 믿음으로, 여러 차례 감옥에 오가면서도 끝까지 비폭력의 원칙을 버리지 않았다.

세포이의 항쟁

'세포이'는 영국 동인도 회사의 군인으로 일하던 인도인을 가리키는 말이에요. 세포이들은
처음에는 영국을 위해 열심히 일하였으나, 차별과 횡포, 종교적인 갈등으로 인해 결국 영국에
반기를 들게 되었지요. 결정적인 계기가 된 사건은 1857년에 일어났어요. 총에 사용하는 화약
봉투에 소와 돼지의 기름이 발라져 있다는 소문이 세포이들 사이에 퍼졌던 것입니다.
소는 힌두교에서 신성시하는 동물이며, 돼지는 이슬람교에서 금기시하는 동물이었기 때문에
일부 세포이들은 총을 사용하지 않겠다고 선언했지요. 이에 영국인 장교가 이들을 처벌했고,
이 사건을 발단으로 세포이들의 항쟁이 시작되었던 거예요. 세포이 항쟁은 결국 실패했지만,
인도 최초의 대규모 민족 운동이었다는 사실로 큰 의미가 있어요.

세포이 항쟁

영국의 식민지가 되다

산업 혁명이 일어나면서 인도는 영국에게 더 중요한 나라가 되었어요. 산업 혁명의 핵심은
목화에서 실을 뽑아 천을 짜는 방직 공업이었는데, 인도에서 질 좋은 목화가 많이 생산되었기
때문이에요. 또 한편으로는 영국에서 만든 면직물을 인도에 다시 팔 수도 있었기 때문입니다.
인도인들은 억울하게 이용당한다는 사실을 알았지만, 무굴 제국이 쇠퇴한 상태였으므로 별다른
방법이 없었어요. 반면, 영국은 손쉽게 인도 대부분을 손아귀에 넣을 수 있었고요. 영국은 특히
세포이 항쟁을 계기로 동인도 회사를 폐지했어요. 이때부터 동인도 회사는 무역 회사가 아닌,
인도를 통치하는 기관으로 바뀌었지요. 1877년, 영국 빅토리아 여왕이 인도 황제를 겸하게
되면서 인도는 완전한 영국의 식민지가 되어 버렸습니다.

반영 운동의 시작, 벵골 분할령

벵골 주는 인도에서 가장 큰 주로, 인구도 가장 많았어요. 이에 영국은 벵골 주를 둘로 나누어
효율적으로 통치한다는 그럴듯한 명분으로 '벵골 분할령'을 발표해요. 콜카타 중심의 서벵골과
아삼주를 중심으로 하는 동벵골로 나눈다는 것이었지요. 그러나 진짜 속셈은 따로 있었어요.
당시 벵골 주에서는 영국에 반대하는 운동이 활발했는데, 이 지역의 힌두교도와 무슬림들의
거주지를 분리함으로써 통합을 방해하고, 나아가 민족 운동을 못하게 하려는 목적이었지요.
그러나 인도인들은 거세게 반발했고, 영국은 벵골 분할령을 취소하며 한발 물러났어요.

조선을 위로한 타고르와 한용운

타고르는 인도의 시인이자 사상가로, 시 <기탄잘리>로 동양 최초로 노벨 문학상을 수상했어요.
영국의 식민 지배를 받고 있던 인도의 시인이 노벨 문학상을 받았다는 소식은 일본의 식민 지배
상태에 있던 우리 민족에게 커다란 위안과 희망이 되었지요. 타고르에 대한 관심도 높아졌고요.
이에 타고르는 일제 강점하에서도 꿋꿋하게 살아가는 우리 민족에게 <패자의 노래>와 <동방의
등불>이라는 두 편의 시를 보내기도 했어요. 암담한 현실 속에 있었던 우리 민족에게 큰 위안과
격려를 준 작품이지요. 우리나라의 저항 시인 한용운이 타고르의 영향을 많이 받았답니다.

새로운 인도를 향하여!

***장례식** 죽은 사람을 땅에 묻거나 화장하는 의식.

***가짜** 거짓을 참인 것처럼 꾸민 것.

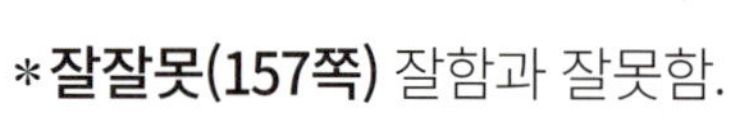

*잘잘못(157쪽) 잘함과 잘못함.

온 국민이 슬퍼하는
간디 님의 장례식 날
이따위 장난을 치다니!
제정신이 아니군.
창!
하… 하필
이런 때….
너흰 뭐 하는 거야?
내가 실수하면 바로바로
귀띔해 줬어야지!
어휴~
제 말을 끝까지 듣지도
않으셨으면서!
*잘잘못을
가리기보다,
지금은….
일단 도망쳐요!
훗
다
닥

***인파** 사람의 물결, 즉 수많은 사람을 이르는 말.
***짚다** 상황을 헤아려 어떠할 것으로 짐작함.

놀라지 마. 사람들이 이렇게 많이 모인 이유는 아마 간디의 장례식 때문일 거야.
와
와
아
와
!
아…!

***괴한** 거동이나 차림새가 수상한 사내.
***추모(161쪽)** 죽은 사람을 그리며 생각함.

평생 힘들게 싸우셨는데….
훌쩍

그래도 인도의 독립을 보셨으니 조금이나마 마음이 놓이셨을 거야.

가만, 그럼 하트 공주가 노리는 인물은 누구지?
간디 님을 *추모하러 온 건 아닐 테고….

하트 공주는 아마 인도의 첫 번째 총리, 네루를 노릴 거야.
네루?

자와할랄 네루 (1889년~1664년)

인도의 정치가이자 민족 운동 지도자예요. 영국에서 유학하고 인도로 돌아와 1919년부터 인도 의회당 소속으로 인도의 자치를 주장했지요. 1929년 의장으로 선출된 뒤에는 목표를 인도의 완전한 독립으로 바꾸고 독립운동을 이끌었어요. 제2차 세계 대전 이후인 1947년에는 그의 정신적 지도자인 간디와 반대로 인도 분할에 동의하고 수상이 되었습니다. 독립 이후에는 국제 사회에서 인도의 지위와 인도 국내의 정치·경제적 발전을 위해 큰 노력을 했어요.

맞습니다.
우리는 커다란 빛을
잃었습니다.
하지만 그렇다고
좌절하고 있을 수만은
없습니다.
저는 간디 님의
뜻을 이어 인도를 위해
열심히 일하겠습니다!
불끈
찾았다! 저기야!
척
역시 근처에
있었군!

에잇, 웬 사람들이
이렇게 많은 거야!
저리 비켜!

*기세(165쪽) 남에게 영향을 끼칠 기운이나 태도.
*장벽(165쪽) 길게 쌓은 성벽.

어… 어떡하지?
진짜 여기서 마법이라도
쓸 *기세인데?
그건 곤란한데….
좋은 생각이
떠올랐어!

수상한 사람이
나타났어요! 네루 님을
해치려고 해요!
뭐? 누가?
우리가 네루 님을
지켜드려야 해요!
그래, 네루 총리님까지 잃을 순 없어!
모두 팔짱을 끼자! *장벽을 만들어
총리님을 지키는 거야!
웅성
웅성

척
처 척

엥?

저기 좀 보십시오.
사람들이….
저 아이들…!

자신 있으면 뚫고
지나가 보시죠!

*뭉치다 여러 가지 생각, 힘 따위가 하나로 크게 모임.

*홀연히 뜻하지 아니하게 갑자기.
*연설 여러 사람 앞에서 자기의 주의나 주장 또는 의견을 진술함.

***철폐** 전에 있던 제도나 규칙 따위를 걷어치워서 없앰.
***반발** 어떤 상태나 행동 따위에 대하여 거스르고 반항함.

뜻밖이네요. 두 분 생각이 이렇게 다를 줄이야.
그러나 인도의 독립이라는 목표는 같았지. 지금도 여전히 그분은 내 마음의 등불이야.

총리님의 추도사 순서입니다.
알겠네.
스 으
오늘 일은 고마웠다. 그리고 반가웠어.
오늘 같은 일이 또 생길지 모르니 항상 조심하세요.

우리가 여기 있는 사이 먼저 떠난 하트 공주님이 무슨 일을 꾸미고 있을지 걱정이군.
응, 서두르자!
팟

웅
성
웅
성

인도네시아의
반둥이라는 곳이래.
우우웅
어째서
이런 곳에…?
슈웅
척

독립 후 한동안
자치령이었던 인도는
1950년에 완전한 민주주의
국가가 됐어.
1955년에 네루 총리는
아시아와 아프리카의 29개
나라를 모아서 '반둥 회의'를
개최했지. 바로, 지금이지.

그럼 하트 공주님도 어딘가에 있겠군!
찾아보자!
타
앗

제3 세계라 불리는 아시아와 아프리카의 작은 나라들이 하나로 힘을 합쳐야 합니다!
짝
짝

다음 회의 상대는 중국 총리입니다. 아직 시간이 있으니 쉬시죠.
쉬는 시간조차 아까워.

제 3 세계의 더 많은 협력을 이끌어 내야 해.

웬 아이들이 총리님을 기다리고 있습니다. 전에도 총리님을 만난 적이 있다는데요?
오, 그 아이들이군!

오랜만이구나! 그런데 이곳엔 무슨 일로….
벌컥

흐흐….
응?

후후, 기다렸던 그 아이들이 아니라서 실망하셨나요?
휙
너…너는 그때 나를 노리던…?

여긴 도와줄 사람들도, 그 녀석들도 없죠!
아이들의 *경고를 잊고 있었어!
넌 이제 내 부하가 되는 거야, 네루!
팟
슈
우
우
우
으아아아~!

앗, 저기!
번
쩍
나도 봤어!
콰앙
네루 총리님!
설마 벌써…!
후후, 미안해서
어쩐다?
한발 늦은 거
같은데?
자아말랑 네루
스
쓱..

*승자 싸움이나 경기 따위에서 이긴 사람.

*서류 글자로 기록한 문서를 통틀어 이르는 말.
*지끈 머리가 자꾸 쑤시듯 아픔.

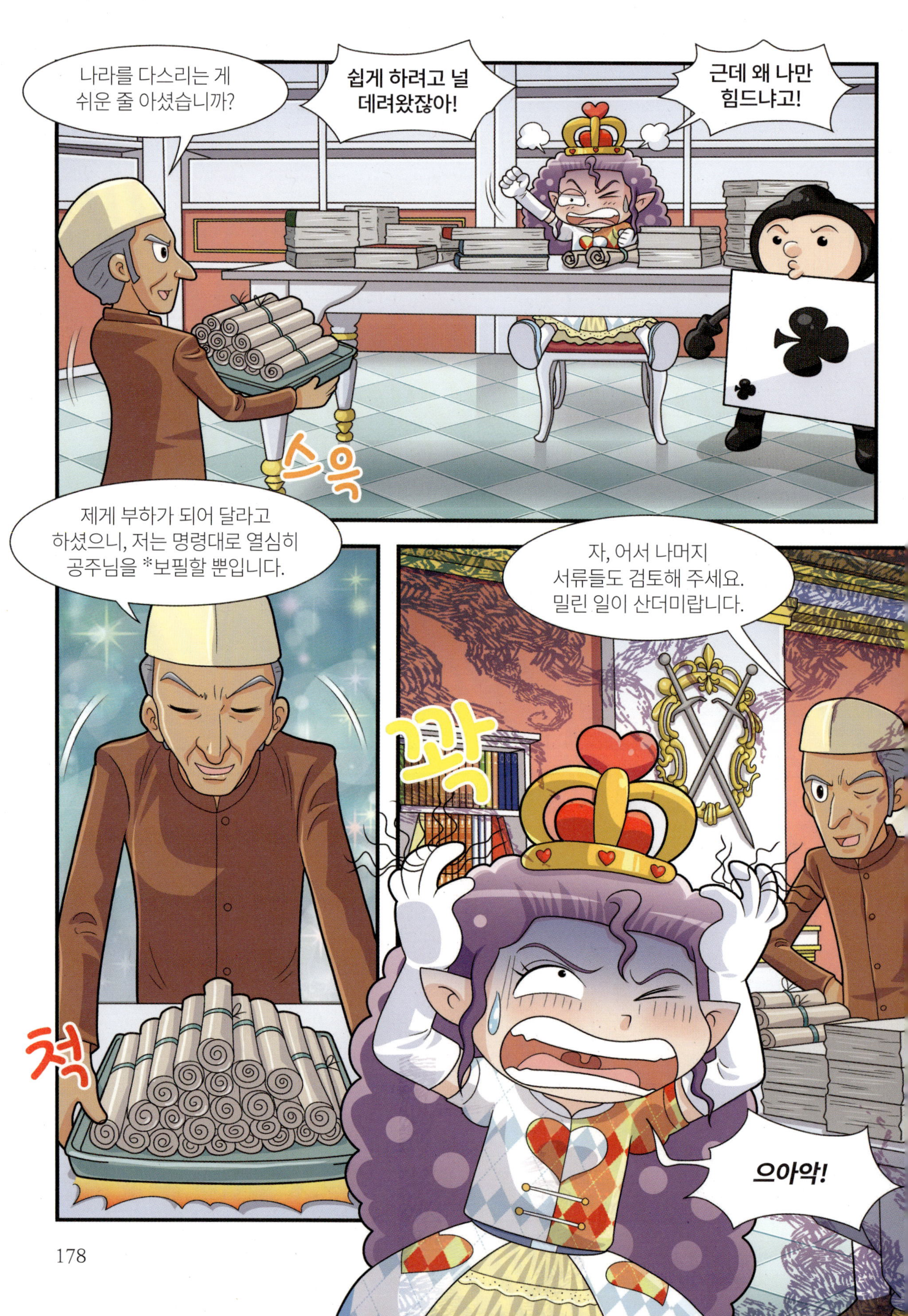

나라를 다스리는 게 쉬운 줄 아셨습니까?
쉽게 하려고 널 데려왔잖아!
근데 왜 나만 힘드냐고!
스윽
제게 부하가 되어 달라고 하셨으니, 저는 명령대로 열심히 공주님을 *보필할 뿐입니다.
자, 어서 나머지 서류들도 검토해 주세요. 밀린 일이 산더미랍니다.
꽉
척
으아악!

하트 왕국은 문제가 너무 많습니다. 앞으로 *투표로 나라의 대표를 뽑는 건 어떨까요? 그리고 또….
이제 한계야! 도저히 못 참겠어!

너, 다시 돌아가버려!
하하하하! 고맙습니다~!
팟 츠 츠…
슈 슉

그렇게 고생하며 힘들게 데려와 놓고 왜 그러셨어요?
이러고 또 후회하실 건 아니죠?
스슷….
?

됐어! 위대한 인물이고, 뭐고 이제 다 필요 없어!
휙
인도의 역사

이 책도
쓸모없으니
도서관에
도로 갖다줘!
툭

후유, 이제야
좀 편해졌네.
나, 당분간은
아무것도 안 할래.
그간 공주님이
하신 결정 중 최고로
잘하신 거예요.
인정!

턱

한편
어라?
이것 좀 봐.

인간 세계의
역사가 달라지지
않았어.
정말이네.
어떻게 된 거지?
인도의
역사

다시 반둥 회의 장소
웅성
웅성
총리님이 갑자기 사라져서 걱정하고 있었습니다.
하하, 피곤해서 잠깐 졸았습니다.
'이상한 나라'에 잠시 다녀왔죠.
이상한 나라요?
네, 역시 우리가 사는 이곳이 최고더군요.
물론 더 좋은 세상을 만들기 위해서 앞으로 우리가 해야 할 일이 많습니다!
휙
LIVE 세계사 20 인도 편 끝.

인도의 독립 운동가들

세포이 항쟁을 계기로 시작된 인도의 독립운동은 제2차 세계 대전 중에도 계속되었으며 전쟁이 끝날 무렵에는 더욱 격렬하게 전개되었어요. 결국 제2차 세계 대전 이후인 1946년, 영국 정부는 마침내 인도의 독립을 승인했습니다. 인도의 독립을 위해 애쓴 인물들을 알아봅시다.

네루와 간디

인도를 대표하는 독립운동가들이에요. 간디는 인도 국민 회의를 이끌며 비폭력 · 불복종 운동을 벌였고, 네루는 인도 독립 동맹을 결성하여 완전한 독립을 주장했어요.

무함마드 알리 진나

이슬람교도 독립운동 단체인 무슬림 연맹의 지도자예요. 한때 힌두교도와 손잡고 독립운동을 했으나, 갈라서게 되었어요. 1947년 파키스탄의 첫 번째 총리가 되었어요.

수바스 찬드라 보스

인도의 급진적인 독립운동가예요. 비폭력을 앞세운 다른 독립운동가들과 달리, 제2차 세계 대전 중 나치 독일과 일본의 도움을 받아서 인도를 독립시키려고 했어요.

바가트 싱

1919년, 영국군이 인도 암리차르 공원에서 인도인들을 학살하는 사건이 있었어요. 1940년, 바가트 싱은 영국 런던에서 이 사건을 명령한 영국인을 찾아 암살했어요.

오늘날의 인도

인도는 현재 세계에서 가장 빠르게 성장하는 나라예요.
21세기 인도의 다양한 모습을 살펴봅시다.

↑ 볼리우드
인도 영화와 영화 산업 전반을 가리켜요. 미국 영화 산업의 중심지
'할리우드'를 빗댄 말이지요. 개성 강한 인도 영화는 남아시아와
중동, 아프리카, 동남아시아에서 큰 인기를 얻고 있지요.

↑ 우주 산업 선진국
화성 탐사선과 달 착륙선 발사를 이미 여러 번
성공했을 정도로 우주 산업 선진국이에요.
기초 과학과 IT분야에 뛰어난 인재들이 많지요.

↓ 축제의 나라
다양한 신을 믿는 힌두교로부터 유래된 축제가 많아서,
늘 여행객으로 북적여요.

인도와 주변국들의 대립

영국 식민지에서 독립한 인도는 힌두교도와 무슬림 사이의 극심한 종교 갈등으로 결국 인도와 파키스탄으로 분리되었어요. 분리 독립 이후 두 나라는 인도와 파키스탄 어느 쪽에도 속하지 않는 주변 군주국들에 대한 지배권을 둘러싸고 대립하기 시작했지요. 특히 무슬림이 대부분이던 카슈미르 지방이 인도로의 편입을 시도하자, 파키스탄이 카슈미르 지역을 침공하면서 인도와 파키스탄 사이에 전쟁이 시작되었어요. 결국 UN이 중재하여 카슈미르 북부 지역은 파키스탄의 통제 지역이 되고, 남쪽 지역은 인도 관할 지역이 되었으며 그 사이에 통제선이 설정되었습니다.

한국 전쟁에 참전한 인도

1950년 6월 25일, 6.25 한국 전쟁이 발발했어요. 당시 인도는 막 독립한 신생국으로서 중립을 지키고 있었기 때문에 전투 부대를 보내지는 않았지요. 그러나 UN 결의에 따라 스웨덴, 덴마크, 노르웨이 등과 함께 의료 지원단을 파병했어요. 그렇게 한국에 도착한 의료 지원병은 총 627명. 의료 지원국 중 최대 규모였어요. 인도군 '제60 공수 야전 병원 부대'는 이후 4년 동안 민간인과 군인 등 약 22만 명을 치료했어요. 사방에서 포탄이 터지고 총알이 빗발치는 전쟁터에서도 끝까지 임무를 수행했으며, 후방에서는 한국 학생들에게 의학을 가르치기도 했습니다.

퀴즈 한국 전쟁 당시 파병 온 인도 군대가 한 일은?
① 전투　② 의료 활동

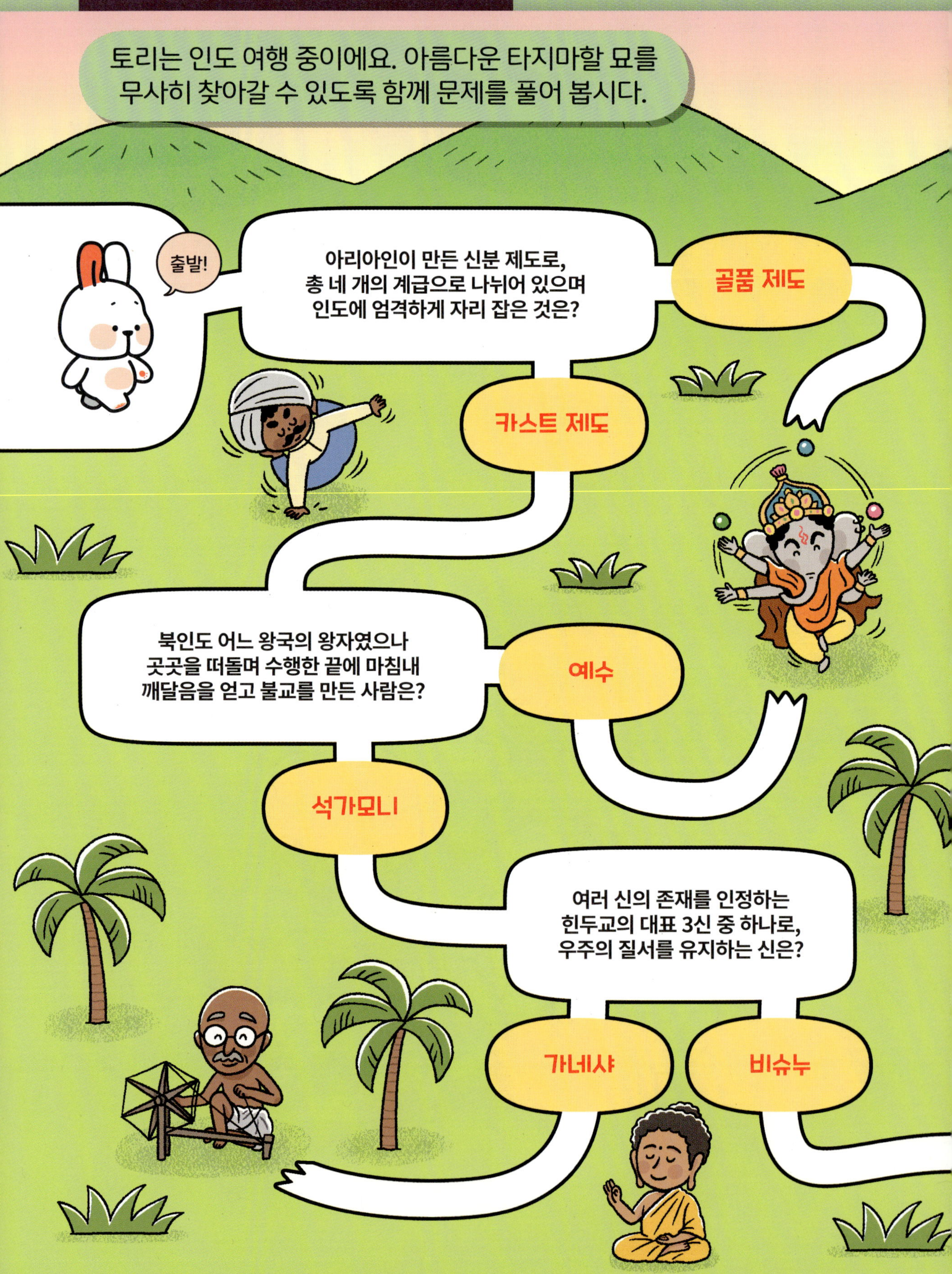
토리는 인도 여행 중이에요. 아름다운 타지마할 묘를 무사히 찾아갈 수 있도록 함께 문제를 풀어 봅시다.
출발!
아리아인이 만든 신분 제도로, 총 네 개의 계급으로 나뉘어 있으며 인도에 엄격하게 자리 잡은 것은?
골품 제도
카스트 제도
북인도 어느 왕국의 왕자였으나 곳곳을 떠돌며 수행한 끝에 마침내 깨달음을 얻고 불교를 만든 사람은?
예수
석가모니
여러 신의 존재를 인정하는 힌두교의 대표 3신 중 하나로, 우주의 질서를 유지하는 신은?
가네샤
비슈누

천축국
통일 신라의 승려 혜초가
여행한 나라로, 당나라에서
부르던 이름은?
축구장
도착!
동인도 회사
서인도 회사
영국을 비롯한 유럽 국가들이
인도의 향신료 등 특산품을 수입하기
위해 만든 무역 회사의 이름은?
카레
마살라라는 인도 음식이 원조로,
영국과 일본, 우리나라에서도
즐겨 먹는 음식은?
피자

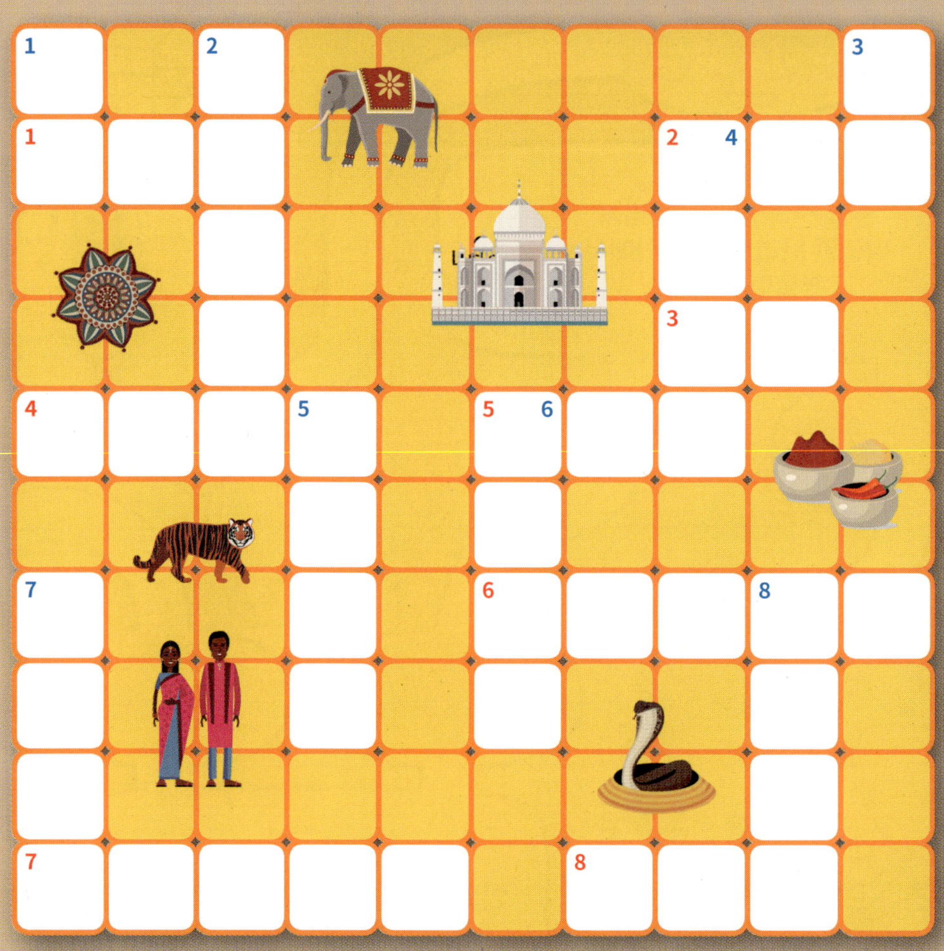

가로 풀이

1. 힌두교에 존재하는 코끼리 신.
2. 인도의 신분 제도. ○○○제도.
3. 헬레니즘 문화의 영향을 받은 간다라 ○○.
4. 오늘날 대부분 인도인의 조상인 민족.
5. <기탄잘리>로 노벨 문학상을 받은 시인.
6. 판다바스족의 전쟁을 다룬 대서사시.
7. 인더스강에서 아리아인에게 쫓겨난 민족.
8. 카스트 제도를 뜻하는 인도의 원래 명칭.

세로 풀이

1. 불교를 만든 사람. ○○모니.
2. 인도의 신분제 중 무사와 귀족이 속한 계급.
3. 캄보디아에 있는 힌두교 사원. 앙코르○○.
4. 인도와 파키스탄의 대표적인 분쟁 지역.
5. 갠지스강과 함께 인도 문화를 대표하는 강.
6. 무굴 제국의 샤 자한이 지은 왕비의 무덤.
7. 인도 영화와 영화 산업 전반을 가리키는 말.
8. 라사왕의 무용담이 주요 내용인 대서사시.

도전 세계사 놀이 퀴즈·사다리 타기
인도는 한마디로 말하기 어려운 나라예요. 다양한 인종과 종교, 복잡한 언어, 신분제의 잔재, 굴곡 많은 역사까지 얽혀 있기 때문이지요. 인도를 더 다채롭게 만들고, 이런 인도를 지켜 낸 인물들을 알아봅시다.
비폭력과 불복종 저항 운동을 전개한 인도의 독립운동 지도자예요.
간디의 동료이자 후계자로 독립한 인도의 초대 수상이 되었어요.
스스로 편안한 삶을 버리고 수행한 끝에 깨달음을 얻고 불교를 만들었어요.
무굴 제국의 5대 황제로, 타지마할을 지었어요.
석가모니
샤 자한
간디
네루

1 지도에 표시된 고대 문명에 대한 설명 중 틀린 것은 무엇일까요?

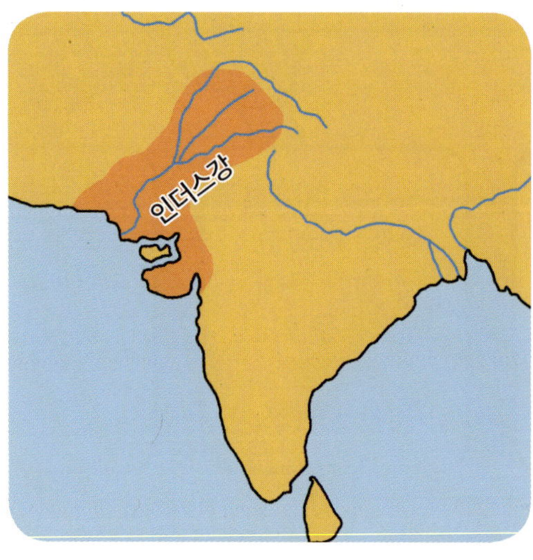

① 인도 반도에서 일어난 고대 문명이다.

② 쐐기 모양 글자 유물이 특히 유명하다.

③ 세계 4대 문명 중 하나로 손꼽힌다.

④ 인더스강 유역에서 꽃피웠다.

2 다음은 바르나의 어떤 계급을 설명한 것일까요?

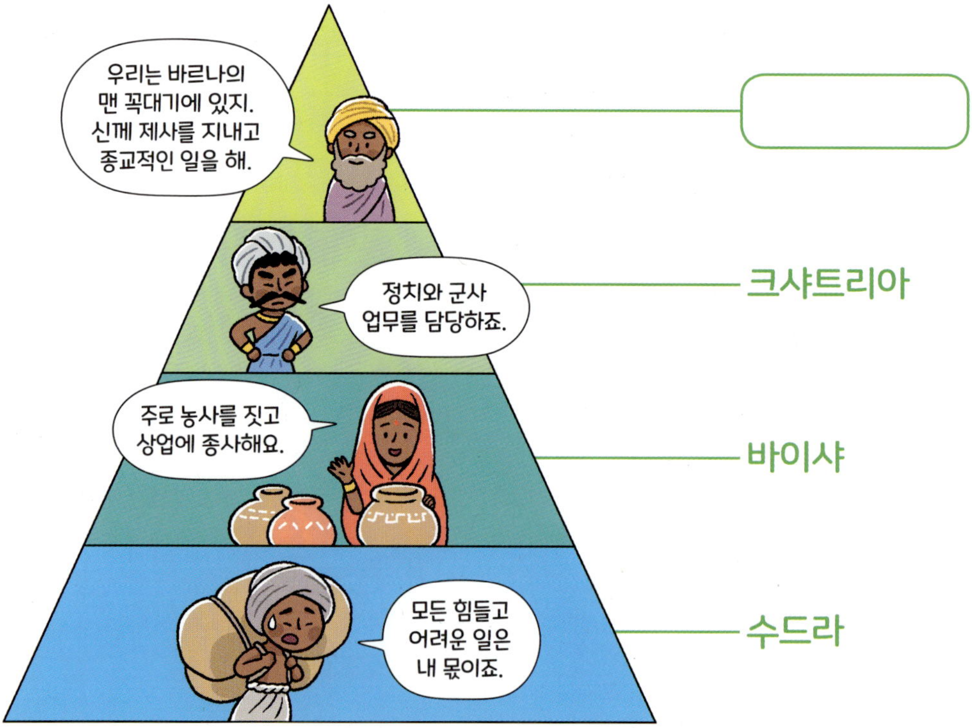

① 기독교　　② 이슬람교　　③ 힌두교　　④ 불교

① 브라흐마

② 비슈누

③ 시바

④ 라사

5 통일 신라의 승려 혜초가 다음과 같이 인도를 여행하고 쓴 책의
제목은 무엇일까요?

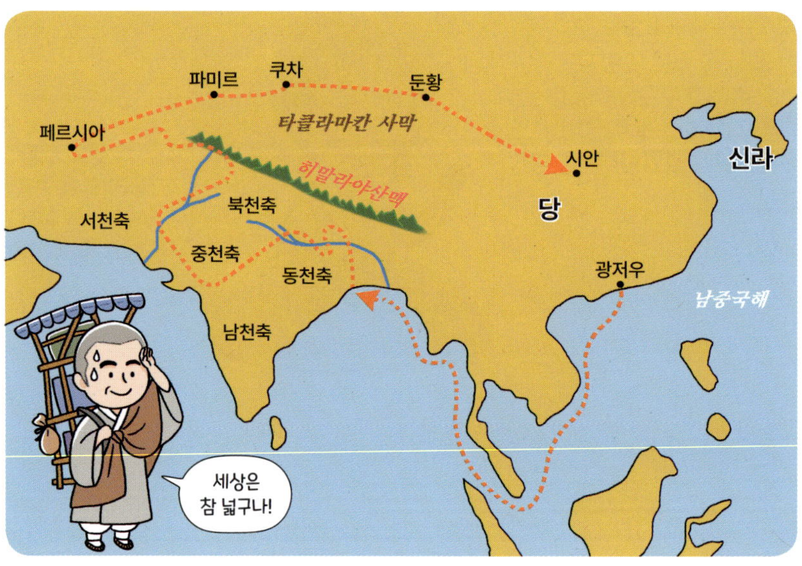

① 라마야나　　② 마하바라타　　③ 왕오천축국전　　④ 마누 법전

6 아래 인도 지폐에 그려진 인물을 잘못 설명한 사람은 누구일까요?

① **제니** : 간디는 인도 국민회의를 이끈 민족 지도자야.

② **윤빈** : 비폭력, 불복종 운동을 벌인 것으로 특히 유명해.

③ **승훈** : 독립 동맹을 결성해서 인도의 완전 독립을 주장했어.

④ **성빈** : 인도의 분열을 막기 위해 노력하다가 암살당했어.

7 다음은 불교의 종류와 특징을 설명한 그림입니다.
㉠과 ㉡에 맞는 것은 무엇일까요?

① ㉠ 상좌부 불교　㉡ 대승 불교　　② ㉠ 라마교　　㉡ 대승 불교

③ ㉠ 라마교　　㉡ 시크교　　　　　④ ㉠ 대승 불교　㉡ 상좌부 불교

8 다음 사진에 대한 설명 중 틀린 내용은 무엇일까요?

① 사진 속 건축물은 '타지마할'로, 세계 유산으로 지정되어 있다.

② 무굴 제국 황제들이 휴식처로 이용하기 위해 지었다.

③ 무굴 제국의 황제 샤 자한의 지시로 22년에 걸쳐 건설됐다.

④ 인도-이슬람식 건축 양식의 최대 걸작으로 손꼽히는 건축물이다.

9 몽골족의 후손인 바부르가 16세기 무렵 인도 땅에 세운 나라는 무엇일까요?

① 마우리아 제국　　② 쿠샨 제국　　③ 굽타 제국　　④ 무굴 제국

10 시 <기탄잘리>로 동양 최초로 노벨 문학상을 받은 인도의 시인이자 사상가는 누구일까요?

① 브라흐마

② 타고르

③ 바부르

④ 네루

 다음 그림이 설명하는 인도의 역사는 무엇일까요?

① 인도−파키스탄 전쟁   ② 세포이 항쟁   ③ 제1차 세계 대전   ④ 제2차 세계 대전

12 다음 [　　　] 안에 공통으로 들어가는 나라는 무엇일까요?

[　　]은 세포이 항쟁을 계기로 동인도 회사를 폐지했어요. 이때부터 동인도 회사는 무역 회사가 아닌, 인도를 통치하는 기관으로 바뀌었지요. 1877년, [　　] 빅토리아 여왕이 인도 황제를 겸하게 되면서 인도는 완전한 [　　]의 식민지가 되었습니다.

① 영국   ② 미국   ③ 한국   ④ 중국

도전 세계사 놀이 퀴즈·정답 따라가기

토리는 인도 여행 중이에요. 아름다운 타지마할 묘를 무사히 찾아갈 수 있도록 함께 문제를 풀어 봅시다.

도전 세계사 놀이 퀴즈·낱말퀴즈

책을 읽고 인도에 관해 얼마나 알게 되었나요? 인도의 인물, 역사, 문화에 관한 문제를 풀어 빈칸을 채워보세요.

가로 풀이

1. 힌두교에 존재하는 코끼리 신.
2. 인도의 신분 제도. ○○○제도.
3. 헬레니즘 문화의 영향을 받은 간다라 ○○.
4. 오늘날 대부분 인도인의 조상인 민족.
5. <기탄잘리>로 노벨 문학상을 받은 시인.
6. 판다바스족의 전쟁을 다룬 대서사시.
7. 인더스강에서 아리아인에게 쫓겨난 민족.
8. 카스트 제도를 뜻하는 인도의 원래 명칭.

세로 풀이

1. 불교를 만든 사람. ○○모니.
2. 인도의 신분제 중 무사와 귀족이 속한 계급.
3. 캄보디아에 있는 힌두교 사원. 앙코르○○.
4. 인도와 파키스탄의 대표적인 분쟁 지역.
5. 갠지스강과 함께 인도 문화를 대표하는 강.
6. 무굴 제국의 샤 자한이 지은 왕비의 무덤.
7. 인도 영화와 영화 산업 전반을 가리키는 말.
8. 라사왕의 무용담이 주요 내용인 대서사시.

도전 세계사 놀이 퀴즈·사다리 타기

인도는 한마디로 말하기 어려운 나라예요. 다양한 인종과 종교, 복잡한 언어, 신분제의 잔재, 굴곡 많은 역사까지 얽혀 있기 때문이지요. 인도를 더 다채롭게 만들고, 이런 인도를 지켜 낸 인물들을 알아봅시다.

1 답 ②

지도에 표시된 고대 문명은 인더스 문명이며, ②는 메소포타미아 문명의 특징이다.

2 답 브라만

바르나는 유럽 국가들에 의해 '카스트'라고도 불렸으며, 종교를 책임지는 '브라만'이
가장 높은 제1계급이었다.

3 답 ④

불교를 만든 석가모니와 석가모니의 가르침에 관한 내용이다.

4 답 ④

힌두교의 대표 3신은 브라흐마, 비슈누, 시바이며, 라사는 인도의 대서사시
《라마야나》의 주인공이다.

5 답 ③

《왕오천축국전》은 '다섯 천축국에 간 이야기'라는 뜻으로, '천국축'은 당나라에서
인도를 부르던 이름이다.

6 답 ③

③은 네루에 관한 설명이다.

7 답 ①

주로 동남아시아로 전파된 상좌부 불교는 개인 해탈을, 동아시아로 전파된 대승 불교는
중생의 구제를 강조했다.

8 답 ②

타지마할은 무굴 제국의 황제 샤 자한이 왕비 뭄타즈 마할을 위해 지은 무덤이다.

9 답 ④

16세기 무렵, 중앙아시아 페르가나 왕국의 국왕 '바부르'가 인도 땅으로 건너와
무굴 제국을 세웠다.

10 답 ②

동양 최초로 노벨 문학상을 받은 인도의 시인은 타고르이다.

11 답 ②

영국 동인도 회사에 고용된 인도 군인 세포이들은 차별과 횡포,
종교적인 갈등으로 1857년에 영국에 반기를 들었다.

12 답 ①

영국은 동인도 회사를 통한 무역을 시작으로 인도를 식민지화했다.

인도

기원전

3000년경	인더스 문명
1300년경	카스트 제도 형성
563년경	석가모니 탄생
322년경	찬드라굽타, 마우리아 왕조를 세움

기원후

78년	쿠샨 왕조 성립
320년	굽타 왕조 성립
5세기경	힌두교 탄생
1632년(~1653년)	샤 자한, 타지마할 건립
1857년	세포이의 항쟁
1858년	영국의 인도 식민 통치 시작
1930년	간디, 비폭력·불복종 운동 시작
1947년	인도, 영국으로부터 독립 네루, 초대 인도 총리가 됨 제1차 인도–파키스탄 전쟁
1950년	인도 연방 공화국 수립
1962~1963년	인도, 중국과 국경 분쟁
1965년	제2차 인도–파키스탄 전쟁
1971년	제3차 인도–파키스탄 전쟁
1982년	뉴델리 아시안게임 개최

타지마할

세포이 항쟁

간디의 소금행진

세계사

기원전

- **3500년경** 메소포타미아 문명
- **3200년경** 이집트 문명
- **1600년경** 미케네 문명
- **750년** 도시 국가 폴리스 성립

기원후

- **375년경** 게르만족 대이동 시작
- **395년** 로마 제국, 동서로 분열
- **622년** 헤지라, 이슬람교 정립
- **1096년** 십자군 전쟁(~1270년)
- **1492년** 콜럼버스 아메리카 대륙 발견
- **1498년** 바스쿠 다 가마, 인도 캘리컷 도착
- **1600년** 영국, 동인도 회사 설립
- **1863년** 미국 링컨 대통령, 노예 해방 선언
- **1914년** 제1차 세계 대전(~1918년)
- **1939년** 제2차 세계 대전(~1945년)
- **1971년** 방글라데시 독립
- **1993년** 유럽 연합(EU) 탄생

한국사

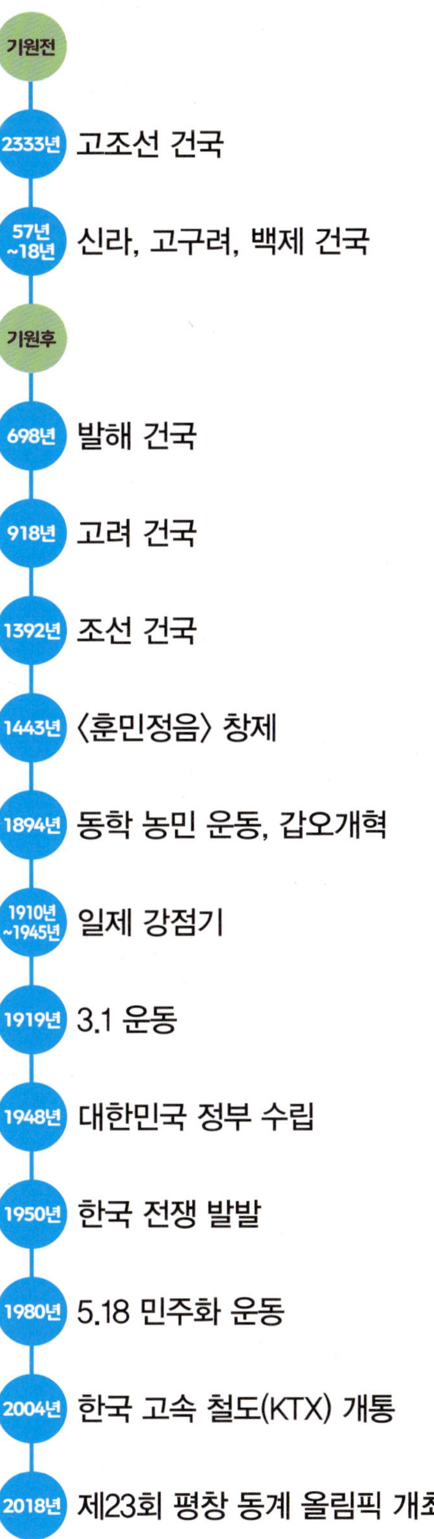

기원전

- **2333년** 고조선 건국
- **57년~18년** 신라, 고구려, 백제 건국

기원후

- **698년** 발해 건국
- **918년** 고려 건국
- **1392년** 조선 건국
- **1443년** 〈훈민정음〉 창제
- **1894년** 동학 농민 운동, 갑오개혁
- **1910년~1945년** 일제 강점기
- **1919년** 3.1 운동
- **1948년** 대한민국 정부 수립
- **1950년** 한국 전쟁 발발
- **1980년** 5.18 민주화 운동
- **2004년** 한국 고속 철도(KTX) 개통
- **2018년** 제23회 평창 동계 올림픽 개최

사진 출처

30   석가모니 | 위키피디아 ⓒพระมหาเทวประภาส วชิรญาณเมธี

54   간다라 불상 | 위키피디아 ⓒFollowing Hadrian

77   찬드라굽타 2세 | 위키피디아 ⓒPHGCOM

86   프람바난 사원 | 위키피디아 ⓒ22Kartika

     앙코르와트 사원 | 위키피디아 ⓒJakub Hałun

98   샤자한 | 위키피디아 ⓒChester Beatty Library

119   암리차르 황금사원 | 위키피디아 ⓒLovedeepsingh

119, 193, 198   타지마할 | 위키피디아 ⓒDhirad, picture edited by J. A. Knudsen

121   마살라 | 위키피디아 ⓒSriyarao22

     영국식 카레 | 위키피디아 ⓒMichael Hays

     일본식 카레 | 위키피디아 ⓒ663highland

     한국식 카레 | 위키피디아 ⓒ국립국어원

130   간디 | 위키피디아 ⓒElliott & Fry

150,195,198   세포이 항쟁 | 위키피디아

153,194   타고르 | 위키피디아

182   간디와 네루 / 위키

     무함마드 알리 진나 | 위키피디아

     수바스 찬드라 보스 | 위키피디아

     바가트 싱 / 위키

183   볼리우드 | 위키피디아 ⓒSkip

     우주 산업 | 위키피디아 ⓒIndian Space Research Organisation

     축제 | 위키피디아 ⓒSteven Gerner

162   네루 | 위키피디아 ⓒAFP staff

192   인도 지폐 | 위키피디아 ⓒReserve Bank of India / AKS.9955

198   간디의 소금행진 | 위키피디아 ⓒYann